CREDI IN TE STESSA, NEOMAMMA!

Come acquisire fiducia
nelle tue capacità di mamma:
perché diventare genitori è
più facile, migliorando
l'autostima!

SOMMARIO

Introduzione: ti racconto una storia

Immagina una mamma che ha partorito da poco.
Dopo nove mesi, finalmente eccola a casa con la sua prima, desideratissima bambina. Quanto ha sognato di vedere il suo viso!
E adesso la piccola è lì. È stupenda, con quelle manine minuscole e il faccino da bambola. Stringerla tra le braccia è la sensazione più emozionante che esista.
EPPURE.
Eppure, durante i primi mesi, quella mamma piange sempre.
Eppure si sente sola, abbandonata.
Inadeguata.
Ha sensi di colpa per qualsiasi cosa.
Non si ritiene abbastanza brava per poter svolgere un compito simile.
Mentre tutte le altre mamme guardano con terrore al momento di iniziare a lavorare, lei è impaziente di tornare in azienda. Non vede l'ora di riappropriarsi della sua vita. Vuole ricominciare a chiacchierare coi colleghi, scherzare e fare una pausa pranzo tranquilla, come avveniva in un passato che sembra ormai lontano.
Poi il tempo passa. E quella stessa mamma, quando la sua bimba compie un anno e mezzo, decide di avere un'altra bambina. E addirittura,

decide di prendersi una pausa di qualche anno dal lavoro per seguire meglio le piccole! Come andrà la seconda maternità? In modo molto diverso dalla prima! Certo, il carico di lavoro è raddoppiato, ma si sente più sicura di sé e realizzata. Felice. Finalmente può godersi la sua maternità con gioia.

Qual è la morale della storia? Semplice, che nessuna mamma nasce con le istruzioni per l'uso. L'esperienza e l'atteggiamento mentale giusto fanno la differenza!

Cos'è cambiato in quella mamma, quindi, per farle decidere improvvisamente di allargare la famiglia e lasciare il lavoro? È impazzita? Ha preso una botta in testa? Niente di tutto questo! Ha semplicemente imparato a CREDERE IN SE STESSA. In che modo? Prosegui nella lettura e lo scoprirai!

E ora te lo posso rivelare: quella mamma... sono io!

Questo libro nasce con l'intento di riunire tutte le informazioni che mi fanno esclamare ogni volta: "Ah, se l'avessi saputo prima… quante difficoltà avrei evitato!"

So cosa potresti pensare. "Ecco, questa ha avuto due figlie, e adesso si sente in dovere di scrivere un libro per insegnare chissà cosa al mondo intero". Ma lo scopo del volume non è fare la maestrina in cattedra. Proseguendo nella lettura te ne accorgerai. Quello che hai tra le mani non è il solito manuale per "mamme perfette", non ci sono giudizi né prescrizioni. La cosa importante è che ognuna, credendo in se stessa, trovi il SUO modo di essere mamma. Perché ciò sia possibile, dobbiamo acquisire fiducia nelle nostre capacità, nel nostro istinto. Ed è proprio questo il punto cruciale del libro. In un'intervista, che troverai all'interno del quarto capitolo, tali concetti sono definiti con la parola inglese *empowerment*.

Lungo la lettura ci sarà uno scambio, un'interazione. Ci sarà uno spazio tuo, il "quaderno magico della maternità", dove potrai scrivere le tue impressioni. Scoprirai che le paure, i dubbi e i sensi di colpa fanno parte del processo naturale di crescita come mamma. Insomma, non ti sentirai mai sola. Non sarai giudicata nelle tue scelte. Laddove troverai consigli specifici su questioni più complesse (baby blues, depressione post partum, allattamento, inserimento del bimbo al nido ecc), vedrai che mi sono affidata a esperti del settore.

Alla fine del libro, inoltre, ho riportato i miei recapiti: se vorrai potrai scrivermi le tue riflessioni. Le terrò presenti per le prossime edizioni del testo o per altri libri a cui lavorerò.

E ora, non mi resta che augurarti... buona lettura!

STOOOP! PRIMA DI CONTINUARE, LEGGI QUI

Sai che la scrittura ha un potere magico? *La penna è più potente della spada*, scriveva il romanziere Edward Bulwer-Lytton.
Scrivere è magia, permette di distaccarsi dalle emozioni più difficili da gestire: una volta che sono impresse sulla carta, è come se si fossero separate da noi.
Lo scrivere, per poco che valga, mi ha aiutato a passare da un anno all'altro, perché le ossessioni espresse si attenuano e in parte vengono superate. Sono certo che se non fossi stato un imbrattacarte mi sarei ucciso da un pezzo. Scrivere è un enorme sollievo. Diceva il filosofo Emil Cioran, in un'intervista con Fernando Savater.
Ma la magia della scrittura non si esaurisce qui! Scrivere permette di immortalare un bel ricordo, per poterlo rivivere ogni volta che vogliamo. È una terapia antichissima, un sollievo, un aiuto spesso sottovalutato, alla portata di tutti.
"Ma perché questa mi parla della scrittura? Cosa c'entra con le neomamme?" ti chiederai.
Lascia che ti spieghi.
Quello che ti ho detto ti servirà per creare il tuo QUADERNO MAGICO DELLA MATERNITÀ. Uno strumento che ti accompagnerà lungo la lettura di questo libro, e che ti resterà anche dopo che ci saremo salutate. Un diario, un amico, un

compagno di viaggio. Sarà un ottimo modo per accrescere l'autostima, perché riuscirai a esprimere le tue emozioni e ad aiutarti DA SOLA a credere di più in te stessa, solo con l'ausilio della scrittura.

"Ma io non so scrivere! Prendevo sempre quattro in italiano, e la maestra mi odiava".

Non c'è problema! Non importa *quanto* scrivi. Possono essere semplicemente brevi frasi, impressioni.

Oppure, se ami scrivere, puoi dilungarti in intere pagine di diario personale. Ognuno ha il suo stile: la scrittura è alla portata di tutti.

Quindi, prima di iniziare a leggere il resto, che ne diresti di iniziare a creare il tuo quaderno magico? Può essere quel taccuino comprato anni fa in una bancarella, che ora giace dimenticato su una mensola. Oppure, puoi recarti nella tua cartoleria preferita e prendere il quaderno che ti piace di più. O ancora, puoi semplicemente pinzare tra loro dei fogli volanti e appiccicare sulla copertina una foto o un ritaglio di giornale che ti ispira.

Ecco pronto il tuo quaderno magico.

"Sì, ma cosa ci scrivo?"

Non preoccuparti, troverai le idee lungo il cammino.

"Credi in te stessa, neomamma!" è diviso in cinque parti, e in ogni parte ti suggerirò dei semplici esercizi che, se ti ispirano, potrai eseguire sul tuo quaderno magico.

Io stessa, prima della stesura di questo libro, ho creato un quaderno magico. Ho raccolto pagine di diario, canzoncine amate dalle bimbe, citazioni di libri, post che ho scritto sul tema della maternità. Ne inserirò alcuni estratti lungo la narrazione, magari potrai trarne qualche spunto. Ma non dimentichiamoci che è il TUO quaderno, fatto apposta per credere in TE STESSA. Puoi usarlo in autonomia, per prenderti qualche minuto tutto tuo e raccontare le emozioni del giorno. Una nottata in bianco, una preoccupazione, una situazione difficile che ti sei trovata a gestire. Fissarla su carta ti aiuterà a razionalizzare.

Ma, forse, sentirai anche l'esigenza di scrivere un altro genere di emozioni. Emozioni positive. L'euforia provata di fronte ai primi sorrisi di tuo figlio. La sensazione unica di stringerlo tra le braccia, percependo il suo calore e il suo profumo. La dolcezza dei suoi occhi di neonato, che ti guardano come se fossi la creatura più bella e preziosa del mondo.

Una volta che avrai scritto queste emozioni, saranno lì per sempre e tu potrai riviverle ogni volta che vorrai.

Primo esercizio del quaderno magico

Su cosa verte questo primo esercizio? Sul potere della voce materna.

Il bambino impara a conoscere la tua voce quando è ancora nel pancione. Già alla ventiquattresima settimana sente come un adulto! Una volta venuto al mondo, riconoscerà la tua inflessione tra mille. La cercherà e si affiderà a lei per trarre conforto, per trovare un punto di riferimento in mezzo a tutte le esperienze nuove che vivrà.

Ci sono due modi per svolgere l'esercizio:

1. Se sei ancora in attesa, che ne pensi di cantare delle canzoncine al tuo bambino? Possono essere le ninne nanne che ti hanno tramandato nonni e genitori, oppure le canzoni del tuo cantautore preferito, o le sigle dei cartoni che vedevi da piccola. Sarà un momento dedicato solo a te e a tuo figlio. Io, quand'ero incinta, cantavo per le mie bambine sotto la doccia! Se ti piace l'idea, scrivi nel quaderno magico le canzoni che hai scelto. Una volta che il piccino sarà nato, le riconoscerà! E sarà emozionante osservare l'espressione del suo viso, quando le canterai!

2. Se il bambino è già nato... sicuramente starai già sperimentando tutte le emozioni che prova tuo figlio quando gli canti canzoncine e ninne nanne, oppure quando gli reciti filastrocche, o gli racconti piccole fiabe. Sarebbe molto carino arricchire il quaderno magico con le sue preferite.

Il mio quaderno magico si apre proprio con la canzoncina preferita dalle mie bimbe. L'ho cantata molto spesso, quando ero in dolce attesa. Eccola.

Stella stellina
la notte si avvicina
la fiamma traballa
la mucca è nella stalla
la mucca col vitello
la pecora e l'agnello
la chioccia coi pulcini
la mamma coi bambini
ognuno ha la sua mamma
e tutti fan la nanna!

1. Come credere in te stessa affrontando il baby blues

Com'è cambiata la famiglia negli ultimi decenni

Nel mio quaderno magico ho trascritto alcune "frasi fatte" che vengono dette spesso alle neomamme.

- *Essere mamma è la cosa più naturale del mondo.*
- *Le donne sono fatte per fare le mamme.*
- *È sempre stato così, non sarai la prima né l'ultima.*

È capitato anche a te di sentire sentenze del genere? Prova a elencarle sul tuo quaderno magico.

E ora riflettiamoci su. È vero, biologicamente le donne sono sempre state predisposte per avere figli. Ma negli anni passati c'era tutta una società organizzata per supportarle. Adesso, invece, non è più così.

Il mestiere di mamma negli ultimi decenni è diventato molto difficile.

"Ma come? – obietterai – una volta non c'erano gli elettrodomestici, le cure mediche avanzate e il benessere di oggi. Come puoi dire che le cose fossero più semplici?"

Credimi, non è solo un modo di dire, del tipo "si stava meglio quando si stava peggio". No, il problema è reale.

Il problema è che la società è cambiata dal punto di vista lavorativo e strutturale, però questo cambiamento non è andato di pari passo con un'evoluzione nei confronti del supporto alla maternità.

Mi spiego meglio: fino al secolo scorso la società contadina era organizzata con un tipo di famiglia diversa da quella odierna. Era la **famiglia patriarcale** (o **allargata**, o **complessa** che dir si voglia).

La famiglia patriarcale comprendeva più generazioni di familiari, che vivevano sotto lo stesso tetto. Si occupavano tutti quanti di mandare avanti la casa, coltivare i campi e allevare i bambini.

Va da sé che una donna, fin da piccola, cresceva a contatto con i neonati. Curava i figli delle sorelle, delle zie, delle cognate. Aveva sentito tante volte il pianto inconsolabile di un bebè, sapeva quant'è diverso il ritmo sonno-veglia di un lattante rispetto al nostro. Aveva visto ragadi, ingorghi mammari, montate lattee. Quando toccava a lei non arrivava impreparata.

Inoltre, per i primi quaranta giorni dopo la nascita del piccolo, c'era la cosiddetta "**quarantena**". La mamma doveva rimanere a letto col suo bimbo senza fare niente. Pensavano a tutto le altre donne della famiglia, quindi lei poteva riprendersi dal parto e conoscere il suo bambino, mentre le parenti lavavano le sue cose, cucinavano, la seguivano in tutto e per tutto.

Nel libro "La famiglia, un'istituzione che cambia"[1], questo tipo di organizzazione viene chiamato "sistema di allevamento collettivo dei bambini". I piccoli venivano seguiti da una rete di parentela ampia (nonne, zie, sorelle, cugine...), non solo quando erano neonati, ma per tutta la durata dell'infanzia.

Poi cos'è successo? Con l'avvento della società industriale, diminuiscono le aziende agricole da mandare avanti insieme. Ormai si lavora in fabbrica con persone sconosciute. La famiglia estesa non ha più ragione d'essere e nasce la famiglia nucleare, composta solo da genitori e figli. Pochi figli.

In Italia, le famiglie allargate di origine contadina cominciarono a spostarsi nei centri urbani soprattutto a partire dagli anni '50 e '60. E con l'urbanizzazione, tutto cambia.

Come? Innanzi tutto la mamma, quando torna a casa col neonato, si ritrova impreparata a gestire un bambino piccolissimo, perché non l'ha mai fatto. Per quanto abbia visto neonati di amiche o di parenti, per quanto li abbia tenuti in braccio per una-due ore, non ha vissuto niente di comparabile al prendersi cura ventiquattro ore su ventiquattro di un bimbo in fasce.

Inoltre si ritrova sola.

Ci sono casi di mamme che rimangono completamente sole durante il giorno, perché

---

[1] Opera citata in bibliografia.

15

non hanno persone della famiglia che possano stare accanto a loro mentre il marito lavora (come è successo a me).

Ci sono, però, anche molte donne che hanno accanto a loro la mamma, o altri parenti disponibili ad aiutarle. Ma spesso l'intervento delle nostre mamme, o delle suocere, può essere controproducente. Loro fanno parte di un'altra generazione: la generazione del boom economico, in cui il fatto di dare al figlio la formula artificiale era visto come un segno di benessere. Alla loro epoca il dettame era di lasciar piangere il bambino, di non tenerlo troppo in braccio perché "se no prende il vizio". Insomma, c'erano delle dottrine educative che ora sono state superate. Erano teorie nate in ambiente statunitense attorno agli anni '70 (prima col dottor Ferber e poi col professor Brazelton). Il bambino doveva raggiungere una precocissima autonomia, che permettesse alla mamma di svolgere le faccende quotidiane senza intoppi. Il mondo era mutato, e il neonato doveva imparare ad adattarsi. Peccato che un neonato non sappia niente di famiglie nucleari, urbanizzazione e industrializzazione. L'unica cosa che sa è questa: in braccio è al sicuro, da solo invece soffre.

Ora, non dobbiamo cadere nell'errore di mitizzare il passato contadino. Non è che nelle famiglie allargate il bambino fosse sempre tenuto in braccio... anzi! Però c'era, come abbiamo visto, tutta la famiglia a supporto della mamma. L'allattamento era la norma. In più, venivano utilizzati metodi che, per quanto oggi possano apparire arcaici (dondolare il bebè nella culla di legno) o giustamente superati (fasciarlo perché si sentisse contenuto come nel ventre materno), sopperivano comunque al bisogno del neonato di rivivere l'esperienza uterina. Da un certo punto in poi, tutto ciò è venuto a mancare. Sono sparite le fasciature (meno male!) e le culle di legno, ma è nata anche la diceria che fosse nocivo tenere il neonato troppo in braccio!

Oggi, per fortuna, le cose sono cambiate. Sono sempre più numerosi gli esperti, le ostetriche e i pediatri che consigliano di soddisfare il naturale bisogno di contatto del bambino. Però le differenze di mentalità con la generazione che ci ha precedute incidono ancora. A volte la spinta negativa di un parente può addirittura danneggiare un allattamento: se magari siamo davanti a uno scatto di crescita, in cui il bambino continua ad attaccarsi voracemente al seno senza sembrare mai sazio, può avvenire che una nonna ti dica: "Si comporta così perché il tuo latte è diventato acqua, non gli basta più!" spingendoti a dare la formula artificiale. Nella mia cerchia di conoscenze ho visto parecchie scene di questo tipo.

Quindi ci troviamo a vivere in un momento storico in cui la mamma trova molte difficoltà. Sola, impreparata, piena di dubbi, piena di sensi di colpa. Incontra molte persone che le danno consigli contrari al suo istintivo bisogno di stare a contatto col neonato. Le pressioni esterne minano la fiducia in se stessa, la sua autostima. In questo contesto, bisogna fare estrema attenzione al sorgere di fenomeni come **baby blues** e **depressione post partum**.

Baby blues e depressione post partum: quanta confusione!

Depressione post partum, baby blues, calo degli ormoni estrogeni... che confusione! Ne sentiamo parlare ai corsi pre-parto, leggiamo queste definizioni in internet, ma è difficile capirci qualcosa, finché non ci troviamo in mezzo alla burrasca.

Comincio col dire che spesso si usa il termine **"depressione post partum"** a sproposito, come se fosse un'etichetta con cui catalogare tutti i momenti di malinconia e solitudine provati dalla neomamma. In realtà la depressione post partum è una vera e propria patologia che si protrae per molto tempo.

La tristezza e gli scoppi di pianto improvvisi che avvengono subito dopo il parto, invece, sono da imputarsi a un fenomeno chiamato **"baby blues"**.

Secondo i dati del Ministero della Salute il baby blues riguarda il **70%** delle partorienti.

70%!

Una percentuale altissima!

Ma da cosa è causato? Vediamolo nel dettaglio con un'esperta del settore, nell'intervista contenuta all'interno del prossimo capitolo.

Intervista a Maria Teresa Infante, dirigente medico neurologo presso l'ospedale di Sanremo

Ho conosciuto Maria Teresa quando aveva tredici anni. Nonostante la giovanissima età, aveva già un sogno ben chiaro: diventare medico. Da allora si è sempre dedicata anima e corpo a questo scopo. Si è laureata a pieni voti in Medicina e ora è dirigente medico neurologo all'ospedale di Sanremo. Ma non solo. È anche una delle mie più care amiche, e da poco è diventata mamma. Abbiamo registrato questa intervista nella piazza principale di Sanremo, Piazza Colombo. Era una mite serata di inizio novembre e il suo piccolo Federico, di quattro mesi, ci teneva compagnia.

Qual è la differenza tra baby blues e depressione post partum?
La principale differenza fra baby blues (o maternity blues) e depressione post partum è essenzialmente nella durata dell'alterazione dell'umore. Nel maternity blues abbiamo un'alterazione transitoria dell'umore, che dura tra il primo e il decimo giorno post partum. È caratterizzata da scoppi di pianto, crisi d'ansia, labilità emotiva e umore lievemente depresso. Nella depressione post partum la caratteristica tristezza, il ritiro sociale e l'apatia durano anche dopo qualche settimana dal parto, e possono protrarsi per settimane o mesi. La depressione

20

post partum necessita di un trattamento medico e di un supporto psicologico. Il maternity blues normalmente, essendo una condizione passeggera, passa da solo. Nel caso in cui il maternity blues duri più di dieci giorni si può parlare di depressione post partum.

Quali sono i principali campanelli d'allarme per capire che siamo di fronte a una depressione post partum?
Il campanello d'allarme da tenere in considerazione per la depressione post partum è, appunto, il prolungamento del maternity blues, perché se il maternity blues dura più di dieci giorni e i sintomi non passano allora si può parlare di depressione post partum.

Quali sono le cause scatenanti del maternity blues?
Nonostante i numerosi studi effettuati non si è arrivati a una risposta definitiva. Forse è dovuto a un'alterazione ormonale, che si verifica subito dopo il parto. Altri fattori di rischio: stress, stato emozionale durante la gravidanza, depressione in una gravidanza precedente, disturbi psicosomatici della madre precedenti al parto, storie di depressione.

Grazie. Ora procediamo con le cause della depressione post partum.
Le cause sono varie, in realtà non vi è nessuna causa definitiva, possiamo riconoscere dei fattori di rischio. Quelli che incidono di più sono:

presenza di maternity blues, depressione nelle prime settimane di gravidanza, disordini psichiatrici durante la gravidanza o anche prima, diabete gestazionale, infezioni delle vie urinarie ricorrenti, gravidanza indesiderata, basso reddito familiare, giovane età, bassa scolarità, disoccupazione, problemi medici pregressi. Inoltre, un fattore di rischio importante per sviluppare depressione post partum è la prematurità neonatale. Il 40% delle donne che hanno un neonato prematuro sviluppano una depressione post partum. Probabilmente, si è visto, perché c'è un maggiore stress della madre e una peggiore interazione col neonato nei primi tempi. La depressione post partum causa una presenza di problemi comportamentali anche nei figli.

Cosa bisogna fare per evitare l'insorgenza di questi problemi?
La prevenzione è fondamentale, sia nel maternity blues che nella depressione post partum, perché se noi prevediamo il maternity blues evitiamo la depressione post partum. Il supporto dopo la nascita è importante, bisogna evitare l'isolamento e avere partner e amici sempre presenti con cui confrontarsi.

Se si sviluppa depressione post partum cosa si può fare?
Innanzi tutto bisogna rivolgersi a un medico, per considerare una combinazione di psicoterapia comportamentale e terapia antidepressiva, con

ansiolitici e stabilizzatori dell'umore. Comunque da tutti gli studi clinici mondiali si è visto che è importante la diagnosi, il riconoscimento precoce dei fattori di rischio del maternity blues, per poi trattare tempestivamente la depressione post partum.

Qual è l'incidenza della depressione post partum?
L'incidenza della depressione post partum è variabile a seconda dello studio realizzato, della popolazione coinvolta e delle scale utilizzate, perché ci sono vari strumenti di valutazione e di misurazione. L'incidenza, in alcuni studi, arriva al 10%.

In generale possiamo dire che vi è un'incidenza del 6,7% tra 0 e 2 settimane dopo il parto, 4,3% tra le 2 e le 28 settimane dopo il parto e 4,5% tra le 28 e le 52 settimane. Però, come dicevo prima, l'incidenza è variabile a seconda della popolazione studiata e delle scale utilizzate.

Come ribellarsi alle pressioni dei mass media

Prova a pensare alle pubblicità rivolte alle neomamme. "Perché? Cosa c'entrano col baby blues?" ti chiederai. C'entrano. Perché i mass media, nella società odierna, hanno un ruolo importante nel formare l'immagine collettiva di come "deve" essere una persona.
Ecco un paio di esempi.
1. Pubblicità di carrozzine. Ne ho vista una proprio ieri, in una rivista per mamme. C'era una mamma giovane e bella, fisico da modella, messa in piega, vestita all'ultima moda, tacchi alti. Sfoggiando un sorriso felicissimo, portava a spasso il suo bambino che dormiva tranquillo nella carrozzina. Cosa avviene invece nella realtà? Avviene che noi mamme siamo vestite come se fossimo appena scappate di casa, coi primi jeans e la prima maglia sporca di latte che abbiamo trovato; non siamo felicissime perché siamo stravolte; la nostra carrozzina è vuota; con una mano la spingiamo e con l'altra teniamo in braccio il bambino che piange.
2. Pubblicità di pannolini. Vista oggi in TV. C'era una mamma, sempre giovanissima e con i capelli perfetti, che era lì pensosa a guardare il suo meraviglioso frugoletto paffutello. La neomamma giovane e bella rifletteva su questo dilemma: ma il sederino del mio bambino rimarrà

24

abbastanza asciutto e pulito dopo la pipì, con questo pannolino? Tu, che stai guardando lo spot, sei una mamma con i capelli tutti per aria e non hai neanche il tempo di lavarti. Di sicuro hai quesiti ben più impellenti a cui pensare (perché il tuo bambino è stitico, oppure rigurgita stile "Esorcista", o ha la febbre, eccetera eccetera).

E questo non è niente! Ci sono anche i "consigli" dati alle neomamme dalle riviste femminili, dalle blogger o dai pediatri su Facebook. Esempi letti realmente: come preservare l'equilibrio della coppia? Con fughe romantiche, *lingerie* provocante e tacchi a spillo. Come tenersi stretto il marito? Concedendosi anche se siamo stanche e non abbiamo voglia, se no lui si trova un'altra (di tutto ciò parleremo meglio nell'ultimo capitolo).

Ora ti rivelo un piccolo retroscena di "Credi in te stessa, neomamma!". Quando ho commissionato la copertina, ho fatto davvero fatica a scegliere tra le numerose immagini proposte dalla mia designer. Il 99% delle neomamme fotografate, infatti, aveva il viso truccatissimo e la chioma fresca di hairstyling. Ho penato non poco per trovarne una con i capelli raccolti e un look acqua e sapone. Non dico che le modelle in posa con neonati debbano essere brutte o trasandate, ma sarebbe bello che non fossero così patinate.

Noi persone normali come ci sentiamo di fronte ai messaggi lanciati dai media? Ci sentiamo incapaci, inadeguate, diverse dal modello di mamma proposto come vincente. Ma non è un problema nostro. Noi siamo le mamme **reali**, stanche, provate, piene di dubbi e con la mente presa da mille cose, mentre le mamme che ci vengono proposte dai mass media sono **irreali**. Però ci danneggiano, perché a noi sembra di essere poco curate e, credetemi, noi neomamme siamo bravissime a farci venire i sensi di colpa. Quindi, oltre ai sensi di colpa legati alla cura del bambino, subentrano quelli legati alla cura di noi stesse. Non riusciamo più a essere come un tempo, non riusciamo a essere carine e desiderabili come prima.

Non serve acquistare il pannolino più costoso del supermercato per risolvere i problemi del nostro piccolo. Non ci basta mettere il bimbo nella carrozzina per vederlo dormire come un angioletto, perché ha bisogno di essere cullato, ricullato e stra-cullato per addormentarsi. Ma questa è la normalità, non siamo noi incapaci.

Per cambiare lo stato di cose dobbiamo cambiare la nostra mentalità.

Innanzi tutto dobbiamo essere noi a renderci conto che le immagini proposte sono ingannevoli. Quando le vediamo, invece di pensare che sono modelli a cui ispirarci, dobbiamo farci una risata e capirne la falsità.

Ma non pensare sia facile! È un condizionamento martellante e capillare, che ci viene inculcato fin da piccole.

Ecco i concetti con cui cresciamo: la donna è nata per fare la mamma, per lei questa è la soddisfazione più grande della vita; la maternità è uno stato di grazia; un figlio porta sempre felicità nella coppia; la donna è *multitasking* e riesce a occuparsi di tante cose contemporaneamente, perciò è normale che possa lavorare, fare i mestieri di casa, allattare e mantenersi bella e curata, mentre l'uomo, sempre secondo questa visione, può fare solo una cosa alla volta. Tutto è molto sbilanciato, sembra che le donne debbano farsi carico di ogni incombenza, senza poter chiedere aiuto.

Adesso, che siamo consapevoli di quanto siamo influenzate dalla pressione sociale e di quanto siano irrealistici i modelli di madre proposti dai mass media, possiamo reagire in maniera diversa. Smettiamo di farci manipolare e cominciamo a pensare a quanto siano finte le puerpere con la messa in piega, e a quanto siamo speciali noi mamme VERE, con le nostre ansie, la stanchezza e l'amore per quella creatura che stiamo allevando con tanta fatica e dedizione!

Esercizio: sbugiardiamo le pubblicità

Se anche tu sei stufa delle rappresentazioni dei mass media, descrivi sul quaderno magico una o più pubblicità che danno un'idea distorta delle neomamme. Poi, sarà divertente commentarle col tuo compagno e le tue amiche.

Baby blues: il racconto di un'esperienza vissuta realmente

Ormai avrai capito che alla teoria mi piace affiancare esempi pratici, perché una cosa è sentire l'ostetrica del corso pre-parto che ti parla del baby blues, altra cosa è viverlo. Inizio col darti una bella notizia: non tutte le donne precipitano nel baby blues! Ci sono mamme che trascorrono il primo periodo post parto in modo euforico. Molte mie amiche l'hanno vissuto così. Il picco ormonale, invece di buttarle giù, le ha fatte andare alle stelle. È una cosa che ho provato io stessa con la seconda bambina. Se fai parte di questa categoria di mamme, il capitolo che stai leggendo ti potrà comunque essere utilissimo per aiutare amiche o parenti che passano attraverso la malinconia dopo il parto. Potrai essere una spalla su cui contare, perché comprenderai le sensazioni che stanno vivendo.

E ora passiamo al racconto della mia esperienza personale. Già, perché dopo il primo parto ho vissuto il baby blues sulla mia pelle, con tutto il suo carico di lacrime, sensi di colpa e domande senza risposta.

Non è facile per me scriverne, ma lo faccio volentieri. Penso sia doveroso parlarne, per aiutare altre neomamme nella stessa situazione.

Perciò, ecco la mia storia.

Se penso al mio puerperio, la prima parola che mi viene in mente è SOLITUDINE.

Tutto è iniziato all'insegna della solitudine... nell'ospedale dove ho partorito mi hanno messa in camera da sola, come fanno normalmente con le donne che hanno avuto un parto seguito da complicazioni (nel mio caso, una lacerazione). Essere in stanza singola di solito viene visto come una cosa positiva, ma in quel frangente non faceva che amplificare il mio senso di solitudine.

Ricordo benissimo le quattro pareti grigie di quella camera e le ore di attesa alla mattina, quando aspettavo che mi portassero la bambina dal nido. In quell'ospedale non c'era ancora la pratica del rooming-in.

Quando è venuta a trovarmi la caposala per chiedermi come stessi, le ho confessato che mi sentivo scoraggiata. Vedevo le altre mamme piene di energie, che camminavano perfettamente, portavano i loro bimbi alla nursery per cambiarli, assistere ai bagnetti, chiedere consigli alle ostetriche... mentre io riuscivo a malapena ad alzarmi da sola dal letto.

Per fortuna, la caposala mi ha rassicurata. Ricordo benissimo le sue parole ancora adesso, anzi, penso le ricorderò per sempre. A volte basta poco per instillare un po' di fiducia nel cuore di una persona in difficoltà. Mi ha detto che non dovevo confrontarmi con le altre mamme, perché ognuna ha un parto e un post parto diverso dall'altra; poi, sorridendo, ha aggiunto:

"In realtà tu, in questo primo periodo, non dovresti fare proprio NIENTE!"

Mi ha raccontato della quarantena della società contadina, di cui ti ho già parlato. Poi mi ha rivelato che questa tradizione, in alcune culture, permane ancora adesso.

Mi ha fatto l'esempio della Cina: quando una mamma partorisce, le vicine di casa preparano da mangiare per lei, a turno. Glielo portano tutti i giorni e l'aiutano nelle faccende di casa.

Ti ho raccontato queste cose per farti capire come ci debba essere un'attenzione speciale nel seguire la mamma durante il puerperio, cosa che tendiamo a sottovalutare.

In realtà, in gravidanza avevo già riflettuto sul problema. Vivendo a trecento chilometri di distanza dalla mia famiglia d'origine, avevo intuito che il ritorno a casa dall'ospedale potesse essere difficoltoso.

Mi ero chiesta più volte se, durante il puerperio, fosse il caso di ospitare mia mamma o mia suocera. Però, parlando con una mia amica, questo proposito è sfumato. Di fronte ai miei dubbi, lei si è messa a ridere e mi ha detto: "L'ingresso di un neonato in una famiglia non è come l'ingresso di un elefante in una cristalleria, vedrai che te la caverai benissimo da sola! Non c'è niente di cui avere paura!"

Questo commento ha bloccato il mio proposito. Mi sono fatta influenzare, commettendo un grave errore. Non ho creduto in me stessa, in ciò che diceva il mio istinto di futura mamma.

Adesso, a posteriori, mi rendo conto che la persona da cui proveniva questo "consiglio" era in una situazione completamente diversa dalla mia. Viveva nel paesino dove era nata e cresciuta, quindi era circondata da una rete di contatti molto forte; i genitori e i suoceri risiedevano a pochi metri da casa sua; sua mamma tutti i giorni le portava il cibo pronto. Come se non bastasse, apparteneva a quello 0,01% di mamme fortunate che hanno un neonato dormiglione: si faceva otto ore filate di sonno per notte.

Io non ho avuto tutte queste agevolazioni. Non ho nessun parente vicino a casa. Tutta la mia rete di conoscenze, all'epoca, era a Milano dove lavoravo, mentre nel paese di provincia in cui abitavo non conoscevo ancora nessuno. Inoltre la mia neonata, come la maggioranza dei bebè, aveva un ritmo sonno-veglia completamente sballato rispetto a quello di un adulto. Quindi mi sono trovata in grosse difficoltà.

Ma una fortuna l'ho avuta: durante il corso pre-parto ho incontrato un'ostetrica bravissima, che mi ha rassicurata per quanto riguarda il nostro istintivo bisogno di stare a contatto con il neonato. Mi ha invitata a non dar retta a chi diceva che tenere la bimba in braccio equivalesse a viziarla. Da questo punto di vista, ero molto sicura di me. La cosa più bella di quel periodo era proprio cullare la mia bambina, tenerla addosso e vederla attaccata al seno.

Però non sapevo ancora molte cose, ad esempio come usare la fascia, quindi mi trovavo

31

con le braccia doloranti e con le mani sempre occupate... senza neanche un attimo di libertà per poter fare la pipì! Irene, poi, si addormentava solo in braccio, appena la mettevo giù si svegliava e in questo modo passavamo anche parecchie ore notturne... spesso si addormentava alle quattro di notte! E non conoscevo ancora la posizione dell'allattamento da sdraiata, perciò non riposavo mai.

Oltre a essere stanca, avevo tantissimi sensi di colpa per qualunque cosa. Se dopo la poppata Irene aveva un rigurgito, pensavo fosse colpa mia perché le avevo dato troppo latte. Se non si addormentava nel suo lettino, pensavo fosse (indovina?) colpa mia perché non ero capace di farla rilassare senza attaccarla alla tetta.

Insomma, ero precipitata in pieno baby blues. Non passava giorno senza che piangessi.

Aspettavo con ansia che passassero questi fatidici dieci-quindici giorni che mi aveva prospettato l'ostetrica al corso pre-parto. Ma gli scoppi di pianto irrefrenabili sono durati di più, circa un mese e mezzo.

Alla fine, il baratro della tristezza si è protratto per tutta la famosa quarantena di cui parla la saggezza contadina.

Perciò, dopo qualche giorno dal rientro a casa, considerata la difficile situazione, ho pensato di chiamare mia mamma e mia suocera per un aiuto. Sono state molto disponibili, si sono alternate due settimane l'una e due settimane l'altra e mi hanno aiutata tantissimo, sia dal punto di vista pratico che dal punto di vista affettivo.

Trascorsi i primi quaranta giorni, mia mamma e mia suocera tornarono in Veneto. In concomitanza con la loro partenza, il mio periodo di baby blues era finalmente finito. Non piangevo più tutti i giorni: per me era un grande traguardo. Però la solitudine si faceva sentire ancora.

"E tuo marito?" Ti chiederai.

Non pensare che fosse assente! Lui è sempre stato attento alle nostre esigenze, una roccia che mi ha tirata su e mi ha rasserenata nei momenti difficili, con la sua calma e il suo amore. È anche grazie a lui se mi sono risollevata dal baratro. E, cosa molto importante, è un perfetto "uomo di casa", abilissimo nelle faccende domestiche. Però è dovuto tornare a lavorare pochi giorni dopo la nascita di Irene, quindi durante la giornata non potevo avere il suo sostegno.

In quel periodo avrei avuto bisogno di un po' di compagnia; nella fattispecie, della compagnia di neomamme con cui potermi confrontare. Mi avrebbero rassicurata sul fatto che era normale provare tutte quelle difficoltà.

Per fortuna avevo il gruppo WhatsApp delle ragazze conosciute al corso pre-parto: è stato utilissimo, un vero e proprio gruppo di auto-aiuto. Però riuscivamo a incontrarci raramente di persona, a causa della distanza geografica. Spesso, le mamme conosciute in un ospedale di una grande città provengono da cittadine molto lontane tra loro.

Niente può sostituire un sorriso, una stretta di mano, il calore di uno sguardo. Non c'è tecnologia che tenga. È per questo che mi sentivo abbandonata durante il giorno, che trovavo frustrante dover stare tutto il tempo sola con Irene, e che non vedevo l'ora di tornare al lavoro.

Ma c'era anche un altro fattore: la percezione che avevo di me stessa. Prima ero una donna che lavorava a Milano, chiacchierava coi colleghi, leggeva romanzi e fumetti, andava al cinema, apprezzava un buon bicchiere di vino. Ora non ero più niente di tutto questo. Sapevo di dover rinunciare a qualcosa per diventare mamma... ma non ero pronta a rinunciare A TUTTO!

Ora so che quel periodo non dura per sempre, che le passioni, quelle vere, piano piano si riescono a riprendere in mano. Certo, non si riuscirà a fare tutto come prima: qualcosa andrà perso, però altre cose saranno guadagnate. Ma allora non avevo la lungimiranza per fare questi ragionamenti, mi vedevo solo diversa, strana e fragile.

Accanto a questi attimi di sconforto, c'erano anche momenti stupendi in cui realizzavo quanto fossi fortunata. La mia desideratissima bambina era sana, cresceva, si attaccava bene al seno. Sapevo che era la fortuna più grande. Per lei provavo un amore mai provato, un amore incommensurabile. Quindi da una parte ero felicissima, dall'altra parte risentivo della solitudine e della frustrazione personale. Ero su una costante montagna russa di emozioni!

Questa situazione si è ribaltata con la nascita di Linda. Non ero più in balia di dubbi e pianti, mi sentivo serena.

Cos'era cambiato? Tantissime cose!

- C'era Irene che aveva già due anni e mi teneva occupata, rallegrandomi le giornate coi suoi continui progressi.

- Avevo scoperto la fascia, che per me è stata una vera e propria manna dal cielo (te ne parlerò meglio più avanti).

- Avevo imparato ad allattare da sdraiata, quindi potevo riposarmi molto di più durante la notte.

- Avevo la compagnia di altre mamme, conosciute al parco grazie a Irene. Tutti i giorni uscivo, chiacchieravo con delle persone adulte, mi confrontavo e finalmente non ero più da sola ad affrontare le mie paure.

- E soprattutto... indovina un po'?

L'esperienza mi aveva resa più sicura delle mie capacità. Finalmente, credevo in me stessa.

Non ci dimentichiamo, poi, dei meriti della piccola Linda! Era una neonata dolce e pacifica, che non piangeva quasi mai. Certo, una buona parte di queste doti è data dalla componente caratteriale. Ma sono convinta che fosse così anche perché avvertiva il mio stato d'animo positivo e la mia sicurezza nel gestirla.

A volte bastano pochi accorgimenti per migliorare la vita. Nel prossimo capitolo vedremo insieme qualche stratagemma per evitare la solitudine che si può provare nei primi mesi di maternità. Ma prima, un piccolo esercizio!

Esercizio: le tue emozioni dopo il parto

Come sono stati i tuoi primi quaranta giorni dopo il parto? Anche tu ti sei sentita in preda a un'altalena di emozioni contrastanti? Prova a descrivere la tua esperienza.

La parola d'ordine per superare la tristezza post parto

La parola d'ordine è **compagnia**. La neomamma ha bisogno di compagnia, di sostegno pratico e morale. Il ruolo del tuo compagno è il più importante di tutti e infatti a esso è dedicato un capitolo a parte. Lo troverai alla fine del libro.

Poi ci sono i parenti più stretti: la mamma, il papà, i fratelli, i suoceri. Se li hai lontani, come nel mio caso, un consiglio può essere quello di invitarli a stare con te per il primissimo periodo. Se invece hai la fortuna di avere una cerchia di amici stretti e parenti vicini, allora potrai (e dovrai!) contare sul loro sostegno.

Non si può pretendere che una donna riesca a fare tutto, anzi, bisogna che abbia un grosso aiuto. La cosa principale a cui dovrà pensare quando il bambino dorme è... DORMIRE! Dovrà riprendersi dalla fatica fisica e mentale.

A volte c'è l'errata idea che una neomamma, siccome è a casa in maternità, abbia il tempo per sbrigare tutte le faccende domestiche. No. Se non ha dormito la notte, se deve allattare il bimbo a richiesta (alcuni bambini si attaccano anche ogni ora), tenerlo in braccio, cullarlo, cambiarlo, pulire i vestiti dai rigurgiti, sarà molto più stanca di un marito che ha dormito la notte e che svolge un impiego d'ufficio. L'accudimento di un neonato è un lavoro da cui non si stacca mai:

notte, giorno, fine settimana, festività... non c'è un attimo di tregua! Ci vuole aiuto da parte del compagno e da tutte le persone che possono esserci in quel momento, dagli amici ai familiari.

Se ciò non è possibile, se non ci sono amici e parenti nelle vicinanze, allora la casa non sarà in ordine e pulita come un tempo. Amen. Non è una tragedia. Basta fare lo stretto necessario. Perché un bambino, quando sarà grande, si ricorderà di tutti gli abbracci della mamma e non di aver vissuto in una casa impeccabile.

DEDICATO A CHI È ANCORA IN ATTESA
Se sei ancora incinta, ti consiglio di frequentare uno dei tanti corsi pre-parto organizzati da ospedali e consultori di zona.

• La cosa positiva dei corsi tenuti dagli ospedali è che ti parleranno delle metodologie con cui gestiscono partorienti e neonati. Alcuni permettono anche di visitare le sale parto, in modo da cominciare a farsi un'idea. D'altra parte, nelle città più grandi gli ospedali esauriscono spesso i posti per questi incontri. Non preoccuparti! In questo caso potrai frequentare un corso organizzato dal tuo consultorio di zona.

• Il bello dei corsi tenuti dai consultori è che conoscerai mamme residenti nel tuo quartiere/cittadina. È vero, non potrai visionare le sale parto della struttura in cui darai alla

luce il tuo bambino, ma durante le visite di controllo potrai comunque parlare con le ostetriche dell'ospedale prescelto per capire come funziona il reparto maternità.
IMPORTANTE: qualunque sia la tua scelta, ho un piccolo suggerimento per te. A fine corso, che ne dici di mettere da parte la timidezza e, se nessuno ci ha già pensato, far girare un foglio in cui ognuna scriverà nome e numero di telefono? Così potrete creare un gruppo WhatsApp per continuare a stare in contatto. Potrebbe rivelarsi molto utile!

Una volta tornata a casa col tuo neonato, ci sono due luoghi dove, se vorrai, potrai cercare sostegno e compagnia: il Consultorio Familiare e il parco.

• Il Consultorio Familiare è fatto apposta per le neomamme. Potrai trovare delle ostetriche che ti aiuteranno a chiarire dubbi sull'allattamento o su altre problematiche; potrai far pesare e misurare il bambino, o più semplicemente trovare un luogo attrezzato per stare in tutta tranquillità col bimbo, cambiarlo e allattarlo. Potrai incontrare tante mamme della tua zona. Inoltre i consultori organizzano sempre corsi interessanti (come i corsi di massaggio neonatale), e offrono delle consulenze psicologiche. Io, durante il primo periodo con Irene, non avevo pensato a questa opzione. Credevo che i consultori fossero posti dove andare a prendere le misure di altezza/peso/circonferenza cranica del neonato (i famosi percentili). Pensavo che, facendo già i regolari controlli dalla pediatra, questo non mi servisse. In realtà, col senno di poi e parlando anche con altre mamme, mi sento di dire che il consultorio non è solo questo. Può essere un appoggio importante per il primo periodo della maternità.

- Il secondo luogo che si può frequentare è il classico parco pubblico. Quando avevo Irene piccolina mi dicevo: "Ho una neonata che non è ancora in grado di giocare con gli altri bambini, relazionarsi, spingersi sull'altalena, montare sul cavalluccio, andare sullo scivolo... può solo stare tra le mie braccia o al massimo nella carrozzina. Quindi cosa ci vado a fare?" Così gironzolavo a vuoto nel mio quartiere (piuttosto desolato), non trovando motivi per recarmi con assiduità al parco. Le ragioni, invece, sono più di una. Innanzi tutto è un luogo molto tranquillo, dove all'occorrenza ti puoi mettere in un angolino ad allattare (oppure, se utilizzi la formula artificiale, puoi portartela assieme a un thermos di acqua calda e preparare il biberon lì). Poi per il bambino è bello stare all'aperto in un luogo verde, seppur non riesca ancora a giocare attivamente. Anche solo riposare all'ombra di un albero è piacevole per lui. E soprattutto, vedrai che ti si avvicineranno tante altre mamme o nonne incuriosite, con cui scambiare un po' di chiacchiere. Col tempo, potrai stringere delle amicizie. Anche i bambini più grandicelli saranno interessati al tuo bimbo così piccino: quelli saranno gli amichetti con cui un domani tuo figlio giocherà. Si tratta di un luogo di aggregazione per tutte le mamme e per tutti i bambini, molto importante da frequentare fin da subito. Perciò mettiamo il nostro piccolo in fascia o in carrozzina, facciamoci una bella camminata, scambiamo due chiacchiere con le altre mamme, osserviamo gli altri bimbi e godiamoci qualche ora d'aria insieme a nostro figlio. Farà bene sicuramente a tutti e due!

L'unico rischio di queste passeggiate è quello di ricevere dei consigli non richiesti, che vanno contro a quello che è il nostro istinto di genitori. La soluzione è essere sicure di noi stesse e non lasciarci sconvolgere da questi commenti inopportuni. Non serve neanche stare lì a replicare e far polemica. Basta dire semplicemente: "Sì sì... certo!" con un sorriso, e dentro di sé farsi una risata. Perché la risata è sempre la migliore delle soluzioni.

A questo proposito chiudo il capitolo, che è stato molto intenso, con una nota di allegria. Ti propongo un paio di articoli scritti per un'agenzia pubblicitaria con cui ho lavorato per diverso tempo (Codcast Channel). Sono testi ironici indirizzati a tutte le neomamme. Io li ho stampati e incollati nel quaderno magico della maternità.

Il primo si intitola "10 cose da non dire a una neomamma": un catalogo di tutti i commenti più inopportuni che ci si sente rivolgere quando si ha un neonato. Potrai usarlo per essere preparata a quello che ti sarà detto, ma potrai anche stamparlo e appenderlo sul frigorifero di casa, in modo che i visitatori possano avere un breve decalogo sulle cose da NON dirti.

Il secondo si chiama "L'accessorio più bello in assoluto" ed è stato scritto per una campagna mirata ad aiutare l'autostima femminile. Buona lettura!

10 cose da non dire a una neomamma

1. "State già pensando a quando farne un altro?"

Questa è una domanda personale, da non fare alla leggera. E comunque una mamma che ha avuto un bimbo da poco, e magari ha ancora i punti freschi e il ricordo del parto vivido nella mente, non ci vuole pensare ancora per un bel po'!

2. "Che peccato, è un altro maschio/un'altra femmina. Magari avrete più fortuna al terzo tentativo..."

Non ho mai capito perché una persona dovrebbe dispiacersi di avere due maschi o due femmine. Tutti partono dal presupposto che si debba fare la "coppietta". Ma perché? Innanzi tutto, la fortuna più grande è avere figli in salute. E poi, spesso, i bimbi dello stesso sesso sono più complici tra loro. In ogni caso, è fuori luogo sminuire una mamma di due maschietti o di due femminucce!

3. "Dorme la notte?"

A parte pochi casi fortunati, al 90% la risposta sarà: NO. Perché è fisiologico: il sonno dei bambini piccoli non può essere continuativo come quello degli adulti, bisogna armarsi di molta pazienza ed energia per gestire la situazione. E il fatto che tutti continuino a farti la stessa domanda, rigirando il coltello nella piaga, non aiuta.

4. "Non devi tenerlo sempre in braccio, prende il vizio."

Come e quanto tenerlo in braccio è una faccenda che riguarda solo i genitori. Punto. E comunque un neonato ha un bisogno assoluto del calore della mamma, il fatto che costituisca un "vizio" è una diceria sorpassata già da un po'.

5. "Non devi attaccarlo al seno ogni volta che vuole, devi dargli degli orari."

Idem come sopra. La mamma conosce i bisogni del suo bimbo, deve decidere lei. Inoltre, attaccare il piccolo a richiesta è la scelta migliore per avviare l'allattamento in modo corretto.

6. "Come mai non sei riuscita ad allattarlo?"

Sono affari della mamma! Magari è stata una necessità, magari dietro c'è tanta sofferenza, magari è una scelta: in ogni caso, è inutile fare le sapientone su un tema così delicato. Una cosa è dare consigli sull'allattamento se questi vengono richiesti, altra cosa è infierire una volta che la mamma ha avuto la necessità di ricorrere alla formula artificiale.

7. "Ti vedo sciupata."

Ma dai? Strano, eh. Ho solo partorito da pochi mesi e devo badare a un bimbo piccolo che dorme poco la notte e ha bisogno del mio contatto ventiquattro ore su ventiquattro… ma adesso che me l'hai fatto notare, sicuramente troverò il tempo per fare una vacanza in una beauty farm!

8. "Ma sei di nuovo incinta?"
A pochi mesi dal parto è normale che la pancia non sia ancora rientrata. Quindi evitate questi commenti, anche perché è difficile essere di nuovo incinta con il primo bimbo ancora in fasce...

9. "Assomiglia tutto al papà, tu hai fatto solo la fatica."
Commento di pessimo gusto. Intanto viene detto sempre in tono accusatorio, canzonatorio o di compatimento (spesso preceduto da "Scusa se te lo dico, ma...") come se la mamma dovesse esserne dispiaciuta. Sì, può anche assomigliare al papà... e allora? Non è che gli voglio meno bene se fisicamente assomiglia poco a me. E comunque, fino a prova contraria, il materiale genetico ce l'ho ben messo anch'io. Poi dire che ho fatto "solo" la fatica mi pare un filo riduttivo... come SOLO? È la parte più impegnativa!

10. "Ma dai, non ha ancora cominciato a mettere i dentini/afferrare gli oggetti con le manine/fare i primi sorrisetti ecc. ecc.? Il mio alla sua età lo faceva già."
Non ci interessa. Ogni bambino ha i suoi tempi, non è una gara e non penso proprio che tuo figlio/nipote sia più intelligente del mio perché a tre mesi aveva già il primo dentino.

Che dite, vi sembro esagerata? Vi sembrano inverosimili queste domande? Vi garantisco che non è così: le ho sentite TUTTE, la maggior parte rivolte a me e alcune rivolte ad altre neomamme.

Spero che queste 10 cose da NON dire a una neomamma aiutino i curiosoni ad avere un po' più di tatto, quando avranno a che fare con una puerpera!

Esercizio: la top ten dei commenti non richiesti!

Sarei curiosa di conoscere la tua esperienza! Quali sono i commenti più assurdi che ti è capitato di sentire? Quali critiche inappropriate ti senti dire ogni santo giorno da parenti, vicini di casa, passanti, conoscenti?

Scrivi l'elenco sul tuo quaderno magico. Poi commentalo col tuo compagno e con le tue amiche. Ovviamente… facendoti una risata!

Così riuscirai a mantenere il giusto distacco e a non perdere il buon umore!

L'accessorio più bello in assoluto

Brrr, brrr... non faccio in tempo ad accendere il cellulare, che subito inizia a vibrare come un forsennato: sono le notifiche del gruppo "Neomamme" su WhatsApp. Ci siamo conosciute al corso pre-parto e siamo diventate in poco tempo una combriccola attivissima, sempre pronta ad aiutare chi di noi ha bisogno. Colichette, convulsioni febbrili, allattamento, sesta malattia... in tutti i momenti più difficoltosi, nel nostro gruppo si è certe di ricevere una parola amica.

Beh, in verità non solo nei momenti difficoltosi, ma anche in quelli più frivoli.

Quindi ecco che, a volte, quesiti di natura estetico-esistenziale tormentano noi donzelle sfornatrici di bimbi:

- *Brrr, brrr...* "Ragazze, mio marito mi ha detto che a Natale mi regala la plastica al seno, perché con l'allattamento si sono rovinate le tette! Non so cosa rispondergli!"

- *Brrr, brrr...* "Ragazze, ho visto la Belen in tivvù e mi viene da piangere! Anche lei ha avuto un figlio, eppure è magrissima!"

- *Brrr, brrr...* "Ragazze, anche se ho speso fior di quattrini per la crema elasticizzante in gravidanza, sono piena di smagliature! Per non parlare del segno che mi ha lasciato quella bestia che mi ha ricucito il cesareo!"

• *Brrr, brrr...* "Ragazze, per la rilassatezza addominale post parto cosa consigliate? A volte mi sembra di avere la panza di quando ero incinta di cinque mesi!" (Ok, lo ammetto. Questo ultimo messaggio è mio).

Insomma, tutte siamo d'accordo: dopo la gravidanza la cosiddetta "prova costume" è un disastro. Eppure, è bastato un messaggio diverso dal solito per farmi rivalutare la questione.

• *Brrr, brrr...* "Ragazze, ma chi se ne importa di pancetta e smagliature! Quest'anno al mare sarò felice come non lo sono mai stata, perché avrò l'accessorio più bello in assoluto: mia figlia!"

È un messaggio di Michela. Rifletto, e mi rendo conto che Michela è quella ad aver aspettato più di tutte la sua bimba: per concepirla ci sono voluti quattro anni di cure, lacrime, passi falsi, speranze. E forse Michela è quella che capisce più di ogni altra l'incredibile fortuna che abbiamo noi tutte. Siamo riuscite a diventare mamme di tanti bei bimbi vispi e sani. E le nostre smagliature, per non parlare delle cicatrici, sono segni da portare con orgoglio, perché ce le siamo fatte per dare alla luce delle nuove vite.

Alla fine, sapete com'è andata la mia prova costume? Sono stata così impegnata a giocare con mia figlia, a fare buche nella sabbia e a saltellare in mezzo alle onde, che il pensiero della rilassatezza addominale post parto non mi ha nemmeno sfiorata. Insomma, è stata la prova costume più divertente della mia vita!

ESERCIZIO: ridiamoci su!

Anche a te capita di guardarti allo specchio con aria critica? Quei capelli in disordine, le occhiaie, i chili messi in gravidanza... scrivi pure quello che senti, ma mi raccomando: con ironia! Perché nessuna di noi è perfetta, ma siamo tutte uniche e belle per questo!

---

2. Come credere in te stessa stando a contatto col neonato

Nei panni del neonato

Ti ricordi il film "Senti chi parla"? Da piccola lo adoravo, l'avrò visto decine di volte. Uscito nel 1989, è interpretato da John Travolta e Kirstie Alley. È la storia di Mollie, ragazza madre in cerca di un padre per il suo bimbo. "E adesso cosa c'entra un film di John Travolta?" Ti chiederai.

C'entra, perché la particolarità della pellicola è che il neonato di Mollie... parla! I suoi pensieri vengono doppiati da Bruce Willis (nella versione italiana Paolo Villaggio), così scopriamo tutte le sue impressioni sul mondo circostante e sui personaggi della storia.

È proprio ciò che faremo ora.

Mi spiego meglio. Fino a qui abbiamo considerato al centro di tutto la mamma, adottando un punto di vista "mamma-centrico". Questo era voluto: l'intento del libro è quello di supportare e coccolare le neomamme. Però, per poter essere veramente serene accanto al nostro bimbo, dobbiamo conoscere anche le sensazioni che prova il neonato. Perciò adesso cambieremo punto di vista e ci metteremo nei panni del nostro piccolo.

Risaliamo a quando il bebè era ancora dentro il pancione. Scrivendo di questo argomento nel mio quaderno magico, ho utilizzato l'espressione "piccolo Eden". Per farti capire cosa intendo, riporto il brano intero.

La vita uterina si può definire "il piccolo Eden" del bimbo. Nel grembo materno non ha mai fame, né sete, non ha freddo, né caldo, c'è sempre la giusta temperatura; è avvolto in un perenne abbraccio, tutto rannicchiato in uno spazio circoscritto; è cullato dal movimento della mamma, dal battito del suo cuore e dal suono della sua voce.

Quando viene alla luce, questo Eden finisce. Si ritrova in un piccolo inferno. Una situazione del tutto nuova e paurosa. Deve fare i conti con la forza di gravità, sente fame, freddo, caldo, si sente perso, si sente abbandonato. L'unica cosa che può dargli conforto è il contatto con la mamma. La sua voce e il battito del suo cuore sono le sole consolazioni in grado di ricordargli quel periodo di Eden vissuto per nove mesi.

A tal proposito, tempo fa ho letto un libro molto carino intitolato "Noi ci vogliamo bene", in cui mi sono imbattuta per la prima volta nel concetto di **endogestazione ed esogestazione**. Mi spiego. Il bambino trascorre due periodi di gestazione: uno dentro la pancia della mamma (*-endo* = dentro, dalla radice greca) e uno fuori (*-eso*): durano entrambi nove mesi. Cosa vuol dire? Significa che i primi nove mesi fuori dalla pancia servono al bambino per abituarsi, gradualmente, al mondo esterno.

All'inizio quello che lui ricerca sono le stesse condizioni che aveva nell'utero, ci vuole tempo perché si ambienti. Quanto tempo? Più o meno nove mesi, cioè l'epoca in cui mediamente un bambino comincia a gattonare, a volersi muovere in questo strano mondo che dopo tutto ha anche le sue attrattive. Ma è un traguardo a cui si deve arrivare piano piano.

Per tali motivi il contatto per il bambino è un bisogno, esattamente come essere nutrito e pulito.

Simili affermazioni non sono un'esagerazione. Per il bebè, il contatto è *davvero* una necessità. Lo dimostrò Renè Spitz, neuropsichiatra infantile. Analizzò un campione di neonati cresciuti in un istituto che garantiva loro adeguato nutrimento e cure igienico-sanitarie, MA non contatto. Niente gesti affettuosi, abbracci, carezze, massaggi, ecc. Risultato: il 60% dei bambini con meno di un anno di età si lasciava morire di inedia. Spitz chiamò questa patologia "marasma". È come se l'istinto del bambino avvertisse l'assenza di un adulto in grado di proteggerlo dal mondo esterno, e quindi si abbandonasse alla morte.

I decessi osservati nell'istituto studiato da Spitz non furono casi isolati. Parlando del marasma, Esther Weber in "Portare i piccoli" ci spiega:

Nel XIX secolo in America più della metà dei bambini sotto l'anno si spegneva a causa di questo "deperimento progressivo", di cui allora si ignoravano le cause. Ancora nei primi anni venti del XX secolo in America il tasso di mortalità dei bambini sotto l'anno in orfanotrofio era quasi il cento per cento!

A quell'epoca il pediatra americano Emmett Holt, con il suo libretto "La cura e l'alimentazione dei bambini" (pubblicato nel 1894 e arrivato alla quindicesima edizione nel 1935), era riconosciuto come un'autorità assoluta sull'argomento. L'autore raccomandava l'abolizione della culla, suggeriva di lasciare giù il bambino quando piangeva, di nutrirlo a ore fisse, di non viziarlo con troppe coccole[2].

Senza ricorrere a esempi così estremi, potremmo menzionare gli studi sui bambini prematuri citati nel libro "A baby wants to be carried", scritto da Evelin Kirkilionis, studiosa di biologia ed etologia umana. In un esperimento, dei bebè nati prematuri sono stati divisi in due gruppi. Al primo sono state eseguite brevi sessioni di massaggi nel corso della giornata. Al secondo non è stato effettuato nessun massaggio. Dopo due settimane, i risultati sono stati incredibili: i bimbi massaggiati dimostravano di essere svegli e attivi più a lungo, nonché di avere un maggiore incremento di peso, grazie a un miglioramento del metabolismo!

Ma perché il neonato nasce così immaturo, al punto di aver bisogno di contatto continuo per stare bene? La risposta sta nell'evoluzione della specie. Per capire meglio questo concetto, cito un

---

[2] Opera citata in bibliografia, pp. 37-38.

articolo del pediatra UPPA (Un Pediatra Per Amico) Costantino Panza:

I nostri cuccioli nascono molto immaturi rispetto ai cuccioli delle altre specie di mammiferi. La nostra specie paga il prezzo di avere un cervello molto grande rispetto al corpo. Cervello che non possiamo far crescere dentro al grembo materno fino a una maturazione paragonabile a quella di ogni altro cucciolo di mammifero; non riuscirebbe a passare attraverso le ossa della pelvi, ossa che formano un canale molto stretto, il cosiddetto canale del parto. Infatti, abbiamo avuto la necessità di rimodellare la nostra pelvi, restringendola, quando abbiamo iniziato a camminare eretti, mentre tutti i mammiferi quadrupedi avevano, e hanno tuttora, un bacino con un'apertura molto ampia[3].

Nonostante tutte le evidenze scientifiche, c'è ancora una visione dura a morire: quella del bambino "manipolatore". Secondo questa mentalità, il bimbo piange perché è "furbetto". Fa un po' di sceneggiate, sapendo che così verrà subito accontentato.

Se ci riflettiamo un attimo, questo è un concetto senza senso. Il neonato non sa nemmeno di essere al mondo, è una creatura istintiva, fa quello che si sente di fare. Non possiede ancora l'intelligenza per *manipolarci* ed essere *furbo:* questi termini sono avulsi dal

---

[3] Tratto da "La nascita del pianto", p. 4, articolo presente all'interno dello speciale "Perché piangono i bambini".

mondo del neonato. Eppure sono pregiudizi ancora molto radicati. Proprio in questi giorni ho incontrato una mamma che ha un bebè un po' stitico e ha detto a un'altra amica, puericultrice: "È stitico perché è pigro, non ha voglia di spingere". L'amica puericultrice ha ribattuto: "Il bambino non è pigro, semplicemente non riesce a fare la cacca! È stupido dire che un neonato sia pigro, perché i neonati fanno quello che riescono a fare".

C'è anche il famoso detto che, tenendolo sempre in braccio, il bambino crescerà viziato e vorrà sempre stare tra le braccia della mamma, anche quando sarà grande. Lascia che ti dica una cosa: NO. Non è vero. Quando il bimbo comincerà a gattonare, o a camminare, sarà anzi un problema tenerlo tranquillo ed evitare che corra di qua e di là, cacciandosi nei guai! Ogni bambino deve percorrere le sue tappe: c'è la tappa in cui vuole stare in braccio e la tappa in cui vuole scoprire il mondo. Le mie figlie sono state "sempre in braccio" da piccolissime, eppure ora sono indipendenti e socievoli (fin troppo... ora che camminano tutte e due, il mio problema è evitare che si allontanino eccessivamente da me quando siamo in giro). Anche le altre mamme della mia cerchia di amicizie hanno cresciuto i loro piccoli con questo imprinting, ma ti garantisco che i nostri figli non sono dei disagiati, bensì dei normalissimi bimbi che esplorano il mondo.

Esercizio: il mondo visto dal tuo bambino

Ti ricordi com'è stato il tuo parto? Che domanda stupida! Ovvio che sì! Però... non ti chiedo di ricordarlo dal tuo punto di vista, ma dal punto di vista del tuo bambino. Descrivi le sensazioni che il piccolo può aver provato durante il travaglio, quand'è passato dalla quiete più assoluta alle spinte che l'hanno fatto uscire dal suo piccolo Eden. E poi, cos'avrà provato quando finalmente ti ha vista, riconoscendo la tua voce e odorando il profumo della tua pelle? Quanto bramerà ritrovare questo calore, protetto dal tuo abbraccio? Prova a riportarlo sul tuo quaderno magico.

Cosa vuol dire "alto contatto"?

Negli ultimi anni ha preso piede la definizione "alto contatto", per indicare un certo modo di crescere il neonato. Cosa vuol dire allevare un figlio ad alto contatto? C'è un po' di confusione riguardo a questa espressione. Spesso si usa per indicare i genitori che usano la fascia, che praticano il "co-sleeping" o che, semplicemente, prendono in braccio il bimbo ogni volta che lo desidera, senza paura di viziarlo.

Ma il significato originario del termine è un po' diverso. Ecco la definizione data da Elena Balsamo e citata nel libro "Portare i piccoli" di Esther Weber:

Il modello ad alto contatto è caratterizzato da uno stretto e intenso rapporto fisico tra madre e bambino che inizia fin dalla nascita.

Il parto avviene in ambiente domestico, il neonato rimane per un lungo periodo a contatto pelle a pelle con la mamma, l'allattamento avviene a richiesta del bambino e per periodi prolungati. La notte il bebè dorme nello stesso letto della madre o nelle immediate vicinanze e durante il giorno viene portato sulla schiena della mamma [...]

In questo contesto rientra il concetto di cure condivise, per cui l'impegno della crescita dei bambini non grava solo sulle spalle dei genitori, ma è suddiviso tra l'intera comunità[4].

----

[4] Opera citata in bibliografia, p. 22.

Tale modello genitoriale, spiega Elena Balsamo, è più diffuso nelle società tradizionali. Nelle civiltà industrializzate, invece, prevale il "basso contatto" (i bambini nascono negli ospedali, non vengono portati in fascia, crescono in una famiglia nucleare ecc). È quindi una definizione da applicare a un'intera società e non al singolo genitore.

Alcune persone pensano che il "buono" sia tutto nelle società ad alto contatto e il "cattivo" in quelle a basso contatto. Beh, non è proprio così. Ad esempio, se io avessi partorito in casa ora non sarei qui a raccontarti tutte queste belle cose (subito dopo il primo parto sono stata operata con anestesia totale di emergenza, a causa di complicazioni non prevedibili in fase di screening).

Inoltre si corre il rischio di mitizzare le società tradizionali, solo perché sono "naturali". Non è detto. Il progresso non è sempre un male, se consente di raggiungere elevati standard medici, accesso di tutti all'istruzione, parità dei sessi ecc.

Per tali motivi, ritengo che "alto contatto" e "basso contatto" siano etichette da impiegare con attenzione. A volte, se usate fuori contesto, diventano fuorvianti. Secondo me, esiste UN SOLO contatto: quello di cui il bambino ha bisogno. Non è che tutti i bimbi vogliano rimanere in braccio ventiquattro ore al giorno, ci sono quelli che desiderano starci di più e quelli che desiderano starci di meno. Ci sono quelli che si rilassano nella carrozzina e quelli che preferiscono la sdraietta. Le mie hanno sempre odiato sia l'una che l'altra, ma in compenso amavano un'altra sistemazione: le posizionavo sopra un tappeto morbido e tutto intorno mettevo pupazzi e libretti colorati. In questo modo stavano tranquille per parecchio tempo, perché da lì avevano un punto di vista diverso su tutta la casa ed erano attirate dai loro giochini. Ognuna di noi può trovare i suoi piccoli trucchi per gestire il bambino!

L'importante è non cadere nel solito errore: metterci le une contro le altre. Mamme ad "alto contatto" contro mamme a "basso contatto". Mamme che portano i figli nel passeggino contro mamme che portano i figli nella fascia. Mamme che allattano contro mamme che non allattano. Mamme che dormono coi bimbi nel lettone contro mamme che mettono i bimbi nel lettino. Quanti post nei blog, commenti su Facebook e video su Youtube, dedicati a questi scontri! Quanto sparlare alle spalle da parte delle mamme! Ma perché? Non c'è motivo.

Ripeto: il bambino ha bisogno di contatto, e fin qui siamo tutte d'accordo. Diamoglielo, con le modalità che preferisce lui stesso e che a noi vengono naturali... e tutto andrà bene! Ma non giudichiamoci!

E se proprio vogliamo fare le precisette, c'è un termine che indica un nuovo modo di crescere i neonati, all'interno di una società "a basso contatto" come quella occidentale. Si chiama "attachment parenting". Ne parla Ester Weber, sempre nel libro "Portare i piccoli":

Significa una genitorialità a contatto e prevede una disposizione di ascolto empatico e una risposta pronta e sensibile dei genitori ai reali bisogni del bambino; tra cui allattamento al seno e a richiesta, portare addosso e co-sleeping[5].

Al di là di tutte le etichette, l'importante è sapere che qualcosa sta cambiando. Viviamo in una società industrializzata e all'interno di una famiglia nucleare, non possiamo mutare tali circostanze. È così. Però ognuna di noi può decidere di crescere il proprio figlio dandogli tutta la tenerezza e il contatto di cui necessita, senza paura di essere criticata.

Il nostro ruolo di mamme è fondamentale per plasmare la civiltà del domani. Finora il modello imperante è stato quello americano: i bambini devono diventare autonomi da subito, affidandosi poco al contatto fisico e molto ai surrogati (sdraiette, giocattoli sonori, orsacchiotti, tettarelle ecc). Così saranno pronti per la società competitiva, individualista e materialista che li aspetta.

Per molti il "sogno americano" è un modello da imitare. Non c'è niente di male in questo. Ma è quello che vogliamo anche NOI per i nostri bambini? Ognuna deve cercare la risposta dentro di sé. Io preferisco che le mie figlie imparino ad aiutare chi ne ha bisogno. Preferisco che si leghino più alle persone che agli oggetti. Questo

---

[5] P. 42.

le farà apparire deboli, meno competitive rispetto agli altri? Forse. Non lo so. Ma in ogni decisione c'è un prezzo da pagare. Qual è il prezzo che sei disposta a pagare tu?

Come gestire il distacco

Arrivate a questo punto, forse è il caso di fare un balzo in avanti e affrontare l'argomento del distacco. Perché, parlando del contatto col nostro bimbo, occorre anche riflettere su come gestire la separazione che, prima o poi, saremo costrette ad affrontare. In Italia il congedo di maternità obbligatorio dura cinque mesi in totale, da distribuire tra l'ultimo periodo di gravidanza e i primi mesi post parto. Perciò, capita sovente che una donna debba tornare al lavoro quando il bimbo ha appena tre mesi, in piena endo-gestazione, allattamento e risvegli notturni.

Una domanda che sento spesso è la seguente: è più difficile affidare ad altre persone un bimbo abituato al contatto assiduo con la mamma? Non è meglio fargli prendere dimestichezza col distacco in anticipo?

A parer mio, no. Se il bambino dovrà superare un distacco, a maggior ragione dovremo stargli ancora più vicine nel periodo precedente. Così potremo infondergli tutta la sicurezza di cui avrà bisogno per affrontare questa nuova avventura.

Ti faccio un esempio. Ho una cognata ventenne, che quest'anno si è recata in America per vivere un'esperienza come ragazza alla pari. Siccome l'aereo decollava da Milano Malpensa, è venuta a casa nostra per trascorrere la serata precedente alla partenza. Ha voluto dormire tutta la notte abbracciata a Irene, con grande soddisfazione di entrambe. In questo modo, mia cognata si è sentita confortata e ha potuto affrontare il viaggio del giorno dopo con serenità.

Immagina che faccia avrebbe fatto se io le avessi vietato di dormire con la nipotina, perché così si sarebbe già abituata a stare lontana dai suoi affetti! Sarebbe stata una cosa molto crudele e priva di beneficio per lei. Allora perché dobbiamo infliggere queste sofferenze a un bambino piccolo? Non mi sembra molto sensato.

Dunque, quali sono i metodi vincenti per inserire il bambino di pochi mesi in un contesto nuovo? Come sempre, non c'è una ricetta magica, valida per tutti. Ma cominciamo a vedere qualche piccolo suggerimento.

- **È importante trasmettere sensazioni positive al tuo bambino.** Non è facile, lo so. Ma ricorda che, durante le situazioni di incertezza, il piccolo guarda sempre il viso della mamma. Se lei ha un'espressione tesa e preoccupata, il figlio farà da specchio. Se invece la mamma, nonostante senta un po' di tristezza, gli fa un bel sorriso, sicuramente il bimbo si sentirà molto più sicuro.

- **Bisogna instaurare un rapporto di assoluta fiducia con le persone che si occuperanno del bambino.** Accertati che condividano al 100% la tua visione della cura del piccolo. "Ma va?" dirai tu "fin lì ci arrivavo anch'io". Allora riformulo: "Non aver paura di rompere le scatole!" È più chiaro così, vero? Raccomandazioni, domande, elenchi di consigli da seguire... non farti problemi, è il momento in cui puoi, anzi devi, far valere la tua volontà di mamma.

- **Non aver paura delle tue emozioni**. È vero, è il momento di essere la roccia su cui si appoggia il tuo bambino. Come ho già detto in precedenza, tuo figlio si affida a te, alla tua mimica facciale per ricevere tutta la fiducia possibile nelle situazioni nuove. Ma, appena avrai svoltato l'angolo... non vergognarti di fare i conti con le sensazioni che provi. E, se ne hai bisogno, non aver paura di piangere. "Piangere? E che razza di consiglio è?" No, non è un consiglio! Non tutte piangono. È solo un invito a farlo se ne hai voglia. Non ti preoccupare di sfogare le tue emozioni, di condividere le gioie e i dolori di questo momento col tuo compagno, con le tue amiche, con i tuoi genitori, con te stessa. L'importante è cercare di non trasmettere questa ansia al tuo bambino. Quindi, davanti a lui possiamo anche essere delle rocce, ma poi con noi stesse e davanti alle persone che ci amano... sfoghiamoci!

Questa è una fase molto difficile. Intervengono i sensi di colpa, che sono tutti sulle spalle della mamma. Rifletticí: è molto difficile che un papà si senta in colpa quando ricomincia a lavorare. È molto facile, invece, che capiti a una mamma. Ma pensa alle ragioni per cui lavori. Non sono certo delle motivazioni egoistiche! Non sei un'irresponsabile che sta lasciando il bambino a casa per darsi alla pazza gioia, sei una donna che lavora sodo per assicurare un futuro alla sua famiglia. Devi aver fiducia nel tuo ruolo di donna, di lavoratrice, di persona attiva nella società. Ricordati, inoltre, che il bambino ha uno spirito di adattamento molto spiccato, che ti sorprenderà. Ti faccio un piccolo esempio. Ho inserito Irene al nido quando aveva nove mesi. Diverse mamme che conoscevo mi avevano assicurato che i loro bimbi e bimbe si erano trovati benissimo in quella struttura, perciò partivo col piede giusto. Eppure ero preoccupata... Irene si addormentava solo al seno, come avrebbe fatto senza il mio latte? Ho esposto il mio dubbio all'educatrice, Annalisa. Lei mi ha detto che aveva avuto diverse esperienze di bambini che si addormentavano solo in questo modo. Una bambina, ad esempio, era stata inserita a soli quattro mesi, e raccontandomi di quell'inserimento Annalisa mi ha riferito: "Ce l'avevo sempre in braccio, infatti la mia maglietta era costantemente umida, perché me la ciucciava per tutto il tempo!"

Beh, immagina la meraviglia quando, già al terzo giorno di inserimento, dopo essermi allontanata per una mezz'oretta, ho trovato mia figlia tra le braccia di Annalisa che dormiva pacificamente. Penso sia stata la prima volta che si addormentava in quel modo, con una persona che non fossi io.

Questo perché lei sapeva che in quella nuova situazione il mio latte non era disponibile. L'educatrice non era la sua mamma, non profumava di latte materno. Però era comunque una persona che la faceva sentire protetta e coccolata!

Ma i suggerimenti non sono finiti qui! Nel prossimo capitolo troverai un'intervista a un'esperta del settore.

Intervista ad Annalisa Gaudino, educatrice e direttrice dell'asilo nido "Bimbi alla riscossa"

Annalisa è stata la prima educatrice di Irene. Nel tempo è diventata mia amica. Ma non solo: è anche una scrittrice! Il suo primo libro si intitola "Profumo di carta, matite e cioccolato". Si tratta di una bellissima raccolta di fiabe, ambientata in diversi angoli del pianeta, e corredata da disegni da colorare e attività da realizzare insieme ai bambini. Il secondo libro, invece, è un testo autobiografico (e autoironico) intitolato "Mia mamma e il metodo Montessori". In attesa della sua nuova pubblicazione, ecco l'intervista che ha rilasciato per aiutare le neomamme alle prese con l'inserimento.

Secondo la tua esperienza, sono più facili da "inserire" i bambini o... i genitori?
Quando inizio un inserimento, o **ambientamento** (il termine corretto sarebbe questo, in quanto è la fase in cui il bambino viene aiutato a conoscere un ambiente nuovo rispetto a quello della famiglia), dico sempre, scherzando, che è la mamma che inizia l'inserimento al nido. Perché, al di là della battuta, c'è un lavoro importantissimo che deve essere fatto sul genitore che sta consegnando il suo bene più prezioso, una parte del suo corpo e del suo cuore (se non tutto) a delle perfette sconosciute.

La difficoltà maggiore da parte della mamma (soprattutto con i lattanti) è il distacco fisico, il non riuscire ad accettare che il proprio lavoro la strappi dal suo bambino, che dovrà passare ore intere senza toccarlo, annusarlo e abbracciarlo. È un lavoro lungo, di aiuto ad accettare questa nuova condizione, di aiuto a superare i sensi di colpa, di aiuto ad arrivare alla fine della giornata lavorativa senza male al cuore. Ecco perché dico sempre che, se vogliono chiamare il nido per sincerarsi che tutto vada bene, possono farlo in piena libertà. Io ricordo bene il primo giorno in cui non ho visto i miei bambini (e io sono stata fortunata in quanto li ho avuti con me per tre anni!), mi sembrava mi avessero portato via una parte di corpo. Io spiego quella sensazione alle nuove mamme, soprattutto a quelle in maggior difficoltà, a quelle che entrano il primo giorno già piangendo, a quelle che vedo sofferenti per una separazione che non accettano, dicendo loro che è normale, che pian piano passerà, non perché in futuro ameranno meno il loro bambino, ma perché la normalità e la routine cominceranno a rendere accettabile il distacco in un legame che fino a quel momento è stato univoco e totalizzante.

L'inserimento di bambini molto piccoli è relativamente semplice: tante coccole, tante "braccia", tanto contatto fisico; i bambini in età superiore ai due anni sono un po' più impegnativi, perché hanno maggiore consapevolezza del distacco dalla mamma. Ma anche in questo caso, con tanta pazienza e comprensione, l'ambientamento al nido si conclude in due/tre settimane al massimo: il bambino entrerà sereno da solo, felice di poter giocare con gli amichetti, felice di poter sperimentare attività che, per ovvi motivi, sarebbe impensabile proporre a casa.

Hai avuto qualche caso di inserimento particolarmente difficile da gestire? Se sì, come l'hai affrontato?
In tutti gli anni di esperienza mi è capitato un solo caso veramente impegnativo. La bambina è stata inserita a otto mesi. Tutto tranquillo per una settimana. Poi lo scoppio del terremoto. Dal nulla non voleva più staccarsi da noi, urlava disperata, non mangiava. E la situazione diventava difficile, soprattutto con la gestione degli altri lattanti, che si innervosivano e richiedevano giustamente le attenzioni che avevano sempre avuto. Il primo passo è stato parlare immediatamente con la famiglia, per capire se ci fossero stati cambiamenti improvvisi nella routine familiare. Abbiamo pertanto capito che la mamma aveva iniziato a togliere il seno, proprio in concomitanza con l'ingresso al nido. La bambina soffriva particolarmente di questo doppio distacco, così abbiamo consigliato alla mamma di aspettare almeno un mese, prima di provare a terminare l'allattamento. Consiglio sempre di non sovrapporre troppe novità durante l'inserimento: questo è già un momento molto particolare, che il bambino dovrà gestire emotivamente, se togliamo anche seno, ciuccio,

introduciamo il lettino, ecc... potrebbe diventare molto difficile per il piccolo controllare tutti i cambiamenti. Meglio un cambiamento alla volta.

Quali consigli vuoi dare ai genitori che devono preparare il loro bimbo all'ingresso al nido?

• Le educatrici sono alleate, non sono delle estranee che vi strappano il bambino dalle braccia, camminano al vostro fianco per far crescere i vostri piccoli nel modo più sereno possibile. Se notate cambiamenti a casa, parlatene sempre con le educatrici: ogni informazione è importante per la serenità dei bambini.

• Non parlate mai male del nido in presenza del bambino, soprattutto usandolo come punizione: «Ti lascio qui», oppure «Se non fai il bravo ti porto al nido». Al nido ci si diverte, si imparano tante cose e si incontrano nuovi amici! Tutte cose positive!

• Se le educatrici hanno un consiglio da darvi, non vogliono prevaricare il vostro ruolo di mamma, ma aiutarvi nello stare al meglio con il vostro bambino; stanno con lui per almeno otto ore al giorno, se notano dei comportamenti particolari o anomali non minimizzate, pensando che con voi non lo faranno mai. È possibile che il vostro bambino con voi abbia un atteggiamento che non ha con altri. Insieme si trova la strada giusta per voi e per lui.

• Quando tornate a prenderlo, abbandonate il cellulare per un po': il ricongiungimento deve essere un momento esclusivo, dove ci si racconta la giornata, dove ci si coccola e ci si sbaciucchia.

• Il rientro al lavoro sarà complicato, ma vedrete che con il tempo tutto si sistemerà, in una nuova routine che i vostri bambini impareranno ad amare, probabilmente prima di voi. Lo spirito di adattamento dei nostri piccoli è straordinario, non dimentichiamolo mai!

Esercizio: lettera a tuo figlio

Questa volta ti propongo di scrivere una lettera a tuo figlio, una lettera importante: la conserverai per fargliela leggere quando sarà grande.
Raccontagli tutte le ansie, i pianti e i sorrisi di questo momento. Raccontagli per filo e per segno come ti senti a doverlo lasciare al nido (o alla baby sitter, o ai nonni, o alla scuola materna, a seconda delle modalità e dell'età del distacco). Spiegagli come sia la decisione giusta per lui e per tutta la vostra famiglia. Mettici tutto il tuo amore.
Quando leggerai la lettera nero su bianco, comincerai già a razionalizzare tutte le tue sensazioni. La parola scritta, come sappiamo, ha un potere magico che ci fa prendere la giusta distanza dalle emozioni più intense.

Sarai sicura che tuo figlio, da grande, comprenderà quanto sei stata forte e come tu sia un esempio da seguire.

Hai mai pensato di usare la fascia portabebè?

Immagina una mamma alla sua prima gravidanza. Piena di speranza, si reca al negozio per bambini più vicino a casa. Vuole comprare una fascia portabebè. Come sarà bello quando passeggerà con la sua piccola raggomitolata addosso!
Nel negozio, però, non si vende nessuna fascia. Così la commessa decide di fare la furba. Spalanca gli occhi con aria scandalizzata e dice: "Ma no! È meglio non usare la fascia, perché la bimba si abituerà a stare sempre addosso a te e poi non vorrà più stare giù!"
La mamma, essendo alle prime armi, si lascia infinocchiare e rinuncia alla fascia.
Errore gravissimo! E te lo dico per esperienza.
Sì, come avrai capito, quella mamma sprovveduta ero io.
La mia neonata per la maggior parte del tempo voleva stare in braccio, quindi avevo sempre gli arti indolenziti. Si addormentava solo tra le mie braccia, e quando la mettevo giù si svegliava immediatamente, quindi non potevo mai riposarmi. Come se non bastasse, odiava la carrozzina e per questo motivo diventava sempre più difficile portarla a spasso.
Quanto mi sarebbe stata utile una fascia! E, istintivamente, lo sapevo già da quando ero incinta. La tecnica del "portare" il neonato mi

ispirava, avrei dovuto credere in me stessa e realizzare la mia idea.

Con la seconda figlia non mi sono più fatta imbrogliare, anche perché c'era la maggiore da seguire: aveva due anni e mi scappava da tutte le parti. Tenere la neonata in fascia era diventata una vera e propria necessità.

Sì, è stato un cammino iniziato per necessità, ma col tempo è diventato molto di più. Ecco un brano tratto dal mio quaderno magico:

Passeggiare con Linda addosso a me, sentendo il suo calore e il suo profumo, è stata un'esperienza meravigliosa. Oggi che ha un anno, ormai non la porto più. Ci sono genitori che usano i supporti portabebè anche fino ai tre anni, ma per me il periodo ottimale è stato un anno esatto. Linda, infatti, è diventata grande per stare nella posizione cuore a cuore (la mia preferita), apprezza il passeggino e, più di tutto, preferisce camminare in autonomia... alla faccia di quello che diceva la commessa! Ma, lo confesso, spesso mi manca non poterla portare più così. Mi manca più del pancione!

Non è il sistema ottimale per tutte, ovviamente. Per molte non è affatto intuitivo legarsi un neonato addosso, utilizzando metri e metri di stoffa. C'è chi ama la fascia e odia il passeggino, chi ama il passeggino e odia la fascia, chi usa la "tecnica mista" e alterna l'uno e l'altra. Chi adora sentire il neonato legato a sé, chi invece non è a suo agio nel portarlo in questo modo. Ognuna deve fare quello che si sente. Se sei incuriosita da questo modo di portare il bambino, di seguito troverai qualche suggerimento.

Innanzi tutto: come scegliere il supporto giusto, tra tutti quelli in commercio? Quando ho deciso di "portare", ho optato per quello più semplice: la fascia elastica. È una fascia preformata che si indossa come una maglietta. Molto intuitiva da usare, non bisogna fare nessuna legatura e nessun corso specifico per poterla utilizzare.

Siccome i costi per procurarsi una buona fascia sono un po' elevati, sono andata su eBay e ne ho comprata una usata. Pochi giorni dopo è arrivata a casa la mia fascia Close Parent, di un colore "diversamente bello"... nella descrizione c'era scritto "verde militare", ma io lo chiamo "verde melmoso"!

Non sarà molto graziosa da vedere, ma è stata la mia salvezza! E non solo per me, ma anche per altre mamme. Sì, perché quando Linda è cresciuta ho passato la Close Parent "verde melmoso" ad altre neomamme. Tutte ne sono rimaste entusiaste. Non sai la soddisfazione quando ricevo un messaggio su WhatsApp con su scritto: "La tua fascia è miracolosa! Chris finalmente si è addormentato come un angioletto"!

Tornando a me, avevo le mani libere per poter acchiappare Irene quando correva da tutte le parti; potevo cucinare, riordinare e dare la pappa ai gatti mentre Linda se ne stava tutta raggomitolata al caldino; ma soprattutto, potevo farla addormentare facilmente, in particolar modo la sera, quando la stanchezza della giornata la rendeva nervosa.

Come per tutte le cose, ci vuole un po' di pratica. Ho impiegato qualche giorno ad abituare Linda. L'ho messa nella fascia quando aveva circa una settimana; le prime volte piagnucolava perché era una situazione nuova per lei. Tempo due-tre giorni e ha preso familiarità. Da quel momento è stato vero amore!

Averla sempre vicino a me era una sensazione magica. Pur così piccola, partecipava alla vita di tutti i giorni: era con me mentre chiacchieravo con le altre mamme, stendevo i panni, spingevo Irene sull'altalena. Imparava a conoscere il mondo da una posizione privilegiata.

Entrando più nel tecnico, di seguito troverai qualche informazione utile riguardo ai supporti per "portare". Ti avverto: ho letto parecchi libri sull'argomento e ho consultato diversi siti... ebbene, ognuno di essi riporta una classificazione differente. Questo perché in Italia il "portare" è ancora un settore pionieristico, con informazioni non standardizzate. Io ho cercato di rendere le cose più semplici possibili. Se vorrai approfondire l'argomento, più avanti troverai un'utile bibliografia.

SUPPORTI NON STRUTTURATI

- **FASCIA RIGIDA LUNGA**: è la Regina delle Fasce, la più versatile, l'unica che si può usare dalla nascita fino alla fine del percorso.

Però devi tenere a mente che non puoi imparare a utilizzarla come autodidatta. È lunga quattro o cinque metri, quindi non è molto intuitiva da indossare. Per eseguire le legature in modo corretto e sicuro è necessario seguire un corso. Può essere un'occasione per prendersi tutto il tempo necessario per imparare una cosa nuova, senza fretta. Io ho provato la fascia lunga un paio di volte, grazie a un'amica. Ho testato quanto sia comoda; ma purtroppo non sono riuscita a frequentare un corso, dal momento in cui avevo anche Irene da gestire. Se lo avessi saputo, l'avrei fatto durante la mia prima gravidanza!

- **Posizioni**: cuore a cuore (altrimenti detto "pancia contro pancia"), fianco contro pancia, pancia contro schiena.
- **Pro**: versatile, si può usare dalla nascita alla fine del percorso, si possono fare innumerevoli legature.
- **Contro**: per imparare a utilizzarla è necessario seguire un corso.

DEDICATO A CHI È IN ATTESA
Se sei incinta e sei interessata all'argomento, che ne pensi di recarti già a un incontro sull'uso della fascia? Potrai imparare tante nozioni utili e conoscere altre mamme. Potrai anche fare pratica: si può imparare a usare la fascia legando il pancione!

- **FASCIA RIGIDA CORTA**: fascia della lunghezza variabile tra due metri e mezzo a tre metri. Non può essere usata nella posizione cuore a cuore, quindi non possiamo iniziare dalla nascita. Viene utilizzata per bimbi più grandini, da genitori che sono già esperti nell'impiego della fascia lunga.
  - **Posizioni**: culla, fianco contro pancia.
  - **Pro**: più maneggevole della fascia lunga, può essere usata come seconda fascia per bambini già grandicelli.
  - **Contro**: permette poche posizioni, non si può usare dalla nascita. Anche in questo caso, per imparare a utilizzarla è necessario fare un corso.

- **FASCIA ELASTICA:** esiste in due versioni. Può essere un semplice pezzo di stoffa elastico, oppure può essere una fascia già formata, grazie a due anelli fissati ai fianchi. In quest'ultimo caso si indossa senza dover fare legature. Pertanto non è necessario un corso per imparare a indossarla. Si può "portare" dalla nascita fino ai sette chili del bambino. L'unica posizione consigliata è quella cuore a cuore. Spesso nelle istruzioni c'è scritto che il bimbo si può sistemare anche di lato, nella posizione a "culla", comoda per poter allattare. Questa posizione però è sconsigliata per i bimbi di pochi mesi, perché si rischierebbe di non farli respirare correttamente.
  - **Posizioni**: cuore a cuore.

• **Pro**: comodissima da indossare. Se si opta per quella preformata, non occorre seguire un corso per utilizzarla, basta seguire le istruzioni o guardare qualche video.

• **Contro**: si può usare in una posizione sola (cuore a cuore) e fino ai sette chili del bambino.

SUPPORTI SEMI-STRUTTURATI

• **FASCIA RING SLING**: è una sorta di "amaca" di tessuto rigido, fissata con un anello (ring) sulla spalla della mamma. Il bambino è posizionato sul fianco. Può essere comoda per allattare. È pratica da indossare e permette di far salire e scendere velocemente il bambino. Tuttavia, non può essere usata per lunghi lassi di tempo, poiché il peso si scarica solo su una spalla. Inoltre è meglio non utilizzarla con i neonati, perché non permette la posizione cuore a cuore.

• **Posizioni**: fianco contro pancia.

• **Pro**: pratica da indossare, preformata, non occorre fare legature.

• **Contro**: non si può usare dalla nascita, non si può usare per lunghi lassi di tempo, permette di sfruttare una sola posizione.

• **MEI TAI**: è una via di mezzo tra una fascia e un marsupio. È più comodo da indossare di una fascia, perché si annoda facilmente. Io consiglio di non utilizzarlo dalla nascita, bensì dai sei mesi in poi, quando il bimbo riesce a stare seduto bene. Per i neonati suggerisco di usare solamente la fascia, rigida o elastica che sia.

- **Posizioni**: cuore a cuore, fianco contro pancia, pancia contro schiena.
- **Pro**: molto più comodo da legare rispetto a una fascia. Può essere utilizzato senza fare un corso specifico.
- **Contro**: non si può utilizzare dalla nascita.

SUPPORTI STRUTTURATI

- **MARSUPIO ERGONOMICO**: Mi raccomando! Se opti per un marsupio, deve essere ergonomico! Il mio, per esempio, è un Manduca. Non farti ingannare da commenti di conoscenti, parenti o commesse furbastre! I marsupi NON ergonomici, che permettono di "portare" nella posizione "fronte mondo", fanno male alla tua schiena e costringono il bambino in una posizione che gli farà scaricare tutto il peso sui genitali.
- **Posizioni**: cuore a cuore, fianco contro pancia, pancia contro schiena.
- **Pro**: è il supporto più facile e intuitivo da utilizzare. Non occorrono corsi.
- **Contro**: non si può utilizzare dalla nascita, neanche con il riduttore (nelle istruzioni troverai scritto di sì, ma è meglio evitare).

E ORA... QUALCHE AVVERTENZA NELL'USO DI FASCE, MEI TAI E MARSUPI!

- La fascia elastica è molto facile da usare. L'inconveniente è che si può utilizzare solo fino ai sei-sette chili del neonato. A me è andata bene, perché Linda era minuta e quindi ho potuto sfruttare la mia fascia fino ai sei mesi, dopodiché sono passata a un marsupio ergonomico.
- Se usi la fascia elastica, metti tuo figlio solo nella posizione "cuore a cuore". Il bebè andrà collocato davanti a te, pancia contro pancia.
- Per i neonati l'unica posizione sicura è quella davanti, cuore a cuore. Altre posizioni devono essere provate dai sei mesi in poi. In culture diverse dalla nostra si portano i bimbi piccoli anche sulle spalle o su un fianco, ma i supporti e la conoscenza del "portare" occidentali rendono sicura per i piccolissimi solo la posizione cuore a cuore.
- Se il tuo bambino raggiunge i sette chili prima dei sei mesi, non potrai più portarlo nella fascia elastica, come abbiamo visto. Ma nemmeno nel marsupio ergonomico o nel mei tai, perché è troppo presto. Devi procurarti una fascia rigida. Però bisogna imparare a legarla, perché non è preformata come quelle elastiche. Al giorno d'oggi è molto facile trovare su internet una consulente a domicilio, oppure dei corsi a cui iscriverti. Li organizzano negli ospedali, nei consultori e addirittura nelle biblioteche. Oppure, potrai cercare nella tua provincia una fascioteca (un negozio dove acquistare e provare i supporti porta bebè, con l'aiuto di esperte).

• Per avere una panoramica più completa, ti consiglio il libro "Portare i piccoli. Un modo antico, moderno e... comodo per stare insieme" di Esther Weber. Secondo me è il manuale più completo scritto in italiano. Ma una pratica così pioneristica (nel mondo occidentale) merita anche qualche altro approfondimento. Se mastichi l'inglese, puoi leggere "A Baby Wants to be Carried" di Evelin Kirkilionis.

Come ciliegina sulla torta, concludo con una citazione profetica di Spitz. È stata scritta quando nessuno parlava ancora di alto contatto, né di usare le fasce al di fuori di un contesto "primitivo":

Sono convinto che i primitivi, portando il loro bambino sul dorso o sull'anca per tutta la giornata, offrano un modo di scaricare le tensioni al lattante, da una parte col movimento trasmesso costantemente al bambino, dall'altra – cosa forse ancora più importante – mediante il contatto cutaneo diffuso, il contatto del corpo, con la trasmissione di stimoli termici, ecc. Possiamo domandarci giustamente se la distanza che noi interponiamo fra il bambino e noi stessi coi vestiti, la carrozzella, i mobili ecc., non lo privino del contatto cutaneo, delle stimolazioni provenienti dai muscoli e dalle sensibilità profonde, del dondolio che le popolazioni "meno progredite" prodigano ai loro bambini. Questo sviluppo è relativamente recente nella civiltà occidentale, e data da meno di 100 anni. Viene da domandarsi se privare i nostri bambini di

quegli stimoli che la natura assicura a tutti i
mammiferi, non costituisca un grave errore, e se
questo "progresso" della nostra civiltà non sia
carico di conseguenze che cominciano a
manifestarsi solo progressivamente, a causa del
tempo necessario perché avvenga una
generalizzazione dei costumi in una società così
stratificata come la nostra[6].

---

[6] Da "Il primo anno di vita del bambino" di René A.
Spitz, opera citata in bibliografia. Avendo utilizzato
l'edizione Kindle, non mi è possibile riportare il
numero di pagina. Il capitolo è "XI – Disturbi
psicotossici", sottocapitolo "3. Preoccupazione
primaria ansiosamente esagerata".

3. Come credere in te stessa nonostante le notti insonni

Il bimbo buono… è quello che dorme?

Quando passeggiavo con Linda nella fascia, spesso mi fermavano conoscenti (o anche persone del tutto sconosciute) per fare i complimenti di rito. Vedendo che la bimba era sempre tranquilla, mi dicevano: "Come sembra pacifica questa bambina! È brava?" Io puntualmente confermavo, dicendo che era molto serena e che non mi dava nessun problema particolare. Quando sentivano così, tutti se ne uscivano con questa frase: "Ah! ALLORA ti dorme tutta la notte!" E io ogni volta rispondevo: "No, veramente si sveglia ogni mezz'ora". A quel punto calava il gelo.

Perché ti ho raccontato questo aneddoto? Per dimostrarti che nella nostra società il fatto che un bambino sia bravo è associato al fatto che dorma. Il neonato buono è quello che dorme. Questa idea è molto radicata, ma non ha nessun fondamento. Il bebè fa quello che gli viene istintivo. Sono molto più numerosi i neonati che si svegliano di notte rispetto a quelli che fanno una tirata unica.

In realtà, lo avrai notato anche tu, sembra che ci sia una vera e propria ossessione verso il

84

sonno dei neonati. Quando una mamma gira con la carrozzina o il bambino nella fascia, tutti non fanno che chiederle: "Ma ti dorme la notte?" Nella maggior parte dei casi la risposta è NO. È improbabile che un bebè dorma tutta la notte, perché il sonno dei neonati funziona in modo diverso rispetto al sonno degli adulti. È una cosa che occorre sapere.

Adesso dirai: "Bella consolazione! Anche se lo so, la situazione non cambia!"

Non è proprio così, lo dico per esperienza. Se si comincia a conoscere bene come funziona il sonno del neonato, si abbandonano una serie di idee che ci fanno sentire ancora più stanche e inadeguate. Smetteremo di pensare che nostro figlio non dorme perché è un bambino difficile, perché ha dei problemi, perché non siamo capaci noi di farlo addormentare o perché non abbiamo applicato alla lettera questo o quel metodo miracoloso (descritto nella teoria di un libro oppure consigliato dalla vicina di casa).

Al giorno d'oggi abbiamo poca dimestichezza col sonno del neonato, un po' perché non siamo abituati a dormire con un bebè fino a quando non portiamo nostro figlio a casa, un po' a causa delle idee diffuse dai dottori statunitensi a partire dagli anni '70. Quelle idee che predicavano di far raggiungere l'autonomia ai bimbi appena nati, lasciandoli piangere nel loro lettino finché non si addormentano per estenuazione. Idee che sono state riprese negli anni '90 da signori come Estivill nel libro "Fate la nanna". Questi approcci hanno prodotto molti danni. Ne parlano le pediatre UPPA Annamaria Moschetti e Maria Luisa Tortorella in un articolo ("Notti bianche, giorni neri: alla ricerca del sonno perduto", all'interno dello speciale "Sonno & cosleeping"): *Parallelamente alla diffusione di queste abitudini, in maniera impressionante nel mondo occidentale si sono moltiplicati i disturbi del sonno dell'infanzia, che sono divenuti un problema di ordine sanitario di notevoli dimensioni, interessando fino al 45% dei bambini. In alcuni paesi è aumentato anche l'uso di farmaci per curare l'insonnia dei bambini*[7].

Perciò, ripeto: è fondamentale capire quanto il sonno del neonato sia diverso dal nostro. E non lo dico io, ma numerosi studi scientifici. Nel prossimo capitolo comprenderemo questo concetto con l'aiuto di un nuovo amico: il dottor Sears.

---

[7] P. 2

Facciamo parlare la scienza

Esaminiamo un po' di dati scientifici tratti da "Genitori di giorno e di notte" di William Sears. Un libro che mi ha cambiato la vita. Ha mutato il mio modo di approcciarmi alla maternità. Mi ha aiutata a dormire più serenamente con Irene e, in seguito, a sviluppare da subito l'intesa notturna con Linda.

Spesso si sente dire, a proposito del neonato che non dorme, che confonde il giorno con la notte. In realtà questa definizione non ha senso, perché i bambini appena nati, come dice Sears, non hanno il concetto di giorno e di notte. Il lattante comincia a sviluppare questo tipo di condizionamento dai tre mesi in poi: inizia a essere attivo durante il giorno, si stanca di più e in questo modo riesce ad avere maggiori momenti di sonno durante la notte.

Ma non è tutto. Per comprendere meglio il sonno dei bambini piccoli dobbiamo imparare, insieme al nostro amico Sears, un paio di concetti sugli stadi del sonno.

Nel suo libro insegna che il sonno è diviso in due stadi.

1. Il **sonno attivo**, chiamato anche *sonno leggero*,
2. il **sonno passivo**, chiamato *sonno profondo*.

Analizziamoli:

- **Il sonno attivo** è detto **REM**, dall'inglese "rapid eye movement". È chiamato così perché in questo stato gli occhi si muovono sotto le palpebre, in quanto si sta sognando.
- **Il sonno passivo** è detto **non-REM**. In questo stato gli occhi non si muovono.

Mentre gli adulti passano **solo il 20-25%** del tempo a dormire in REM e il resto del tempo in sonno passivo, per i lattanti la situazione è capovolta. Passano il **40-50%** del tempo in sonno REM, il 10-15% in sonno di transizione e solo il 35-45% di sonno non REM. La percentuale così alta di sonno REM diminuisce man mano che il neonato cresce, raggiungendo i livelli degli adulti più o meno intorno ai due-tre anni di età.

Ma perché ci sono queste differenze? Perché lo stato REM rappresenta un'auto-stimolazione del cervello del neonato che si sta sviluppando. Serve al bambino per crescere. Addirittura è stato studiato che il feto può avere quasi il 100% di sonno REM!

Questo è anche il motivo per cui i neonati si svegliano molte volte e fanno fatica ad addormentarsi: durante il sonno REM si è molto più attivi e sensibili agli stimoli esterni. È facile che il sonno venga interrotto.

Il sonno del neonato, quindi, è più leggero del nostro. In fase REM, può capitare che il bambino si desti con facilità. Dopo averlo fatto addormentare con fatica e messo finalmente nel lettino… *uééééé!* Ecco che si sveglia di nuovo!

Quante volte mi è capitato, prima che conoscessi queste informazioni!

Perciò è importante che, durante la fase REM, il piccolo sia **accompagnato** verso il sonno, non semplicemente "messo a dormire". Allattare da sdraiate, oppure coricarsi accanto a lui, possono rivelarsi delle strategie vincenti.

Non preoccuparti: non sarà così per sempre. Quando diventerà più grandino, arriverà il momento in cui riuscirai a metterlo a letto con una fiaba e un bacio. Ma è un passaggio graduale, che avviene a seconda dei tempi di ciascun bambino (noi stiamo cominciando a farlo ora con Irene che ha tre anni).

Alla fatidica domanda "Come poter gestire il sonno del neonato?" risponderei così: non c'è una ricetta univoca. L'importante è trovare una soluzione che venga incontro alle esigenze della famiglia, in modo che la mamma, il papà e il bambino possano dormire tutti quanti il più possibile.

Andando avanti con la lettura, vedremo questo concetto nel dettaglio.

Esercizio: impariamo a riconoscere il sonno REM

Come capire quando il piccolo è nella fase REM?

Innanzi tutto, le pupille fanno dei movimenti molto rapidi sotto le palpebre chiuse. Questo

---

indica che il bimbo sta sognando. Ma Sears ci dà anche altre indicazioni:

Gli occhi potrebbero essere parzialmente aperti, le pupille potrebbero muoversi all'unisono, il respiro è irregolare, il volto potrebbe presentare delle contrazioni, delle smorfie o dei sorrisi, mentre il corpo si muove cercando la posizione giusta[8].

Riconoscere questa fase è importante.

Ma veniamo al nostro esercizio: osserviamo il bimbo nella prima fase del sonno. Cosa fa? Muove le palpebre, sorride, si muove? Annota tutto nel quaderno magico. Vedrai che ti sarà utile per entrare nell'ottica nel neonato, così diversa dalla nostra.

---

[8] Tratto da "Genitori di giorno e di notte", opera citata in bibliografia, p.15.

Perché i bambini preferiscono dormire nel lettone?

Un termine che va di moda adesso è *co-sleeping*. Lo avrai notato anche tu: c'è tutta una diatriba tra i genitori che praticano il co-sleeping e i genitori che non lo praticano.

Per prima cosa, cosa vuol dire co-sleeping? Vuol dire semplicemente dormire insieme al bambino. Il dibattito tra chi lo pratica e chi non lo pratica mi sembra senza senso, perché non si può decidere a priori se essere genitori "praticanti" o "non praticanti". Dipende dai bisogni del bebè.

Ci sono bambini che dormono sereni nel loro lettino. Ci sono bambini che, invece, per essere accompagnati nel sonno e per dormire bene hanno bisogno di stare vicino ai genitori. Quindi, a seconda delle necessità del piccolo, ci si organizza.

Ti do una notizia: la maggior parte dei bimbi predilige, nei primissimi anni di vita, dormire insieme ai genitori. Questo è un istinto molto forte, perché deriva dalla notte dei tempi. L'unica speranza per il neonato di non finire in pasto ai predatori, e non morire di freddo, è sempre stata quella di stare attaccato alla mamma.

"Beh, ma noi non viviamo più nelle savane e nelle foreste!" obietterai.

Vero. Non viviamo più in mezzo ai predatori. **TU** lo sai. Ma il neonato **NO**. Per tre milioni di anni abbiamo vissuto in questo modo e i nostri piccoli sono ancora programmati per cercare la protezione dei genitori appena vengono al mondo.

Alla luce di ciò, mi sento di darti un suggerimento. Se ti accorgi che l'unico modo per poter dormire bene è quello di accogliere nel lettone il tuo bimbo, prova a farlo. Non lasciarti condizionare dai commenti degli altri. Non farti troppi problemi, credi in te stessa! In questo periodo della tua vita la tua sopravvivenza, la tua salute fisica e mentale, sono legate al fatto di non subire (troppo) la privazione del sonno.

Non fare come ho fatto io quando era piccola Irene! Da neonata si svegliava di notte per ciucciare il latte e stava attaccata anche un'ora. Così io accendevo la luce, mi mettevo seduta e la allattavo da sveglia. Passavo in questo modo un sacco di ore. La mattina ero un relitto, un cadavere ambulante. Non riuscivo a recuperare il sonno perduto. Quando aveva sette mesi sono rimasta addirittura bloccata col collo e sono dovuta andare a farmi sbloccare da un fisioterapista. Tutto questo perché alcune persone, esterne alla famiglia, mi avevano convinta che non fosse una buona idea dormire insieme a lei! Dentro di me percepivo di volerla accogliere nel mio letto, ma non avevo abbastanza fiducia nelle mie capacità di mamma per farlo. Meno male che, un bel giorno, qualcosa mi ha fatto rinsavire! Cosa è stato? Ne parlo in una pagina del quaderno magico della maternità:

Una frase di una mia amica mi ha fatto cambiare opinione. Mi ha detto: "Da quando allatto mio figlio da sdraiata e mi addormento con lui in questo modo, quello della nanna è diventato il momento più bello della giornata. Prima, invece, era un incubo!"
Così ho pensato: perché complicarsi la vita in maniera inutile?
Da quel giorno, il momento della nanna è diventato il più bello della giornata anche per me.

Quando poi Irene ha raggiunto i due anni, ha cominciato a svegliarsi molto meno, quindi l'abbiamo messa nel suo lettino. Nei momenti in cui si destava (una o due volte a notte), andavamo da lei a consolarla e farla riaddormentare. In questo modo si è abituata a stare nella sua cameretta. Adesso, che ha tre anni, si fa tutta una tirata nel suo lettino. Quindi il fatto di accogliere nel lettone i neonati finché ne hanno bisogno non implica che rimarranno a dormire insieme a noi per tutta la vita. Da adolescenti non vorranno più farlo sicuramente (eheheh)!

Dormire nel lettone: un'abitudine insolita?

Il co-sleeping attira come una calamita le critiche non richieste di parenti (serpenti) e conoscenti vari. Esaminiamo le principali obiezioni che vengono fatte a questa pratica:

• Spesso i genitori esitano ad accogliere i figli nel lettone per quella che Sears chiama "programmazione culturale": secondo la nostra cultura, condividere il sonno con un bambino è un'abitudine insolita. Insomma, ci vergogniamo ad ammettere di far dormire il bimbo insieme a noi! In realtà, come dice Sears: *Nella maggior parte delle culture di tutto il mondo è d'uso comune per i bambini dormire con i genitori. Dormire insieme era normale nel mondo occidentale fino al ventesimo secolo*[9]. Già. Siamo abituati a guardare "il nostro orticello", a considerare normali solo le moderne abitudini presenti in Occidente. Ma il mondo non finisce con gli USA e l'Europa. Il co-sleeping, ancora oggi, è diffuso dall'Africa al Circolo Polare Artico, dall'Egitto all'India, dalla Corea al Giappone. Anzi, a proposito di Giappone: io sono appassionata di manga e scambio regolarmente e-mail con una corrispondente giapponese, Keyko. "E questo cosa c'entra?" Ti chiederai. C'entra, perché ho domandato a Keyko come dormono i bambini da loro. Mi ha risposto: "Tutti

---

[9] "Genitori di giorno e di notte", op. cit. in bibliografia, p. 36.

i bambini dormono insieme ai genitori, almeno fino ai sei anni", come se fosse la cosa più naturale del mondo. Questa risposta potrebbe sembrare strana, perché sappiamo come il Giappone abbia una cultura improntata sulla disciplina e sul rigore. Evidentemente il fatto di dormire insieme ai genitori non impedisce al bambino di essere disciplinato!

• Altro argomento a sfavore del co-sleeping: dormire coi figli nuoce alla vita affettiva e sessuale dei genitori? Lascio proprio la parola a Sears: *Si dice spesso che "un bambino non deve mai intromettersi tra marito e moglie, né a letto né altrove". Essendo padre di otto figli, e avendo messo in pratica il principio del dormire insieme, posso dire che i nostri bambini non hanno rappresentato una barriera tra me e mia moglie* [10]. E se lo dice lui... possiamo crederci! Se si è una coppia solida, seondo me il co-sleeping non rappresenta un ostacolo. Forse bisogna essere un po' più intraprendenti e creativi per trovare luoghi dove stare insieme. Ma non la definirei una barriera insormontabile, anzi.

• Un'obiezione più seria è quella del rischio di soffocamento. C'è la paura che dormire insieme possa esporre il bambino alla SIDS (cioè alla morte in culla). A questo dubbio possiamo trovare risposta in un articolo delle pediatre UPPA Anna Maria Moschetti e Maria Luisa Tortorella ("Le solite domande... ma non le solite

---

[10] "Genitori di giorno e di notte", op. cit. in bibliografia, p. 43.

risposte", all'interno dello speciale "Sonno e co-sleeping"). Ecco cosa scrivono: **Dormire insieme ai bambini piccoli li mette a rischio di morte improvvisa (SIDS)?** *È stato documentato un aumento del rischio solo in casi particolari: madri fumatrici, dedite alle droghe, sottoposte a farmaci pesantemente sedativi, obese o con disturbi del sonno o quando si dorme insieme su divani, poltrone o letti ad acqua[11].* Chi fa parte delle categorie sopracitate deve evitare di condividere la nanna coi figli, in modo categorico.

Aggiungerei un paio di raccomandazioni, frutto della mia esperienza. Forse potrai trovare qualcosa di utile anche per te, in base al tuo modo di sentire.

• Mi sono sempre assicurata di non far dormire le bambine sotto le coperte insieme a me. Ho comprato dei sacchi nanna, in cui avvolgerle per farle stare *sopra* le mie coperte e non *sotto*. Ormai si trovano dappertutto, dai mercatini ad Amazon, con varie grammature a seconda delle stagioni.

• Non ho mai usato materassi troppo morbidi.

• Ho fatto dormire Linda con me fin da subito, ma non essendo esperta della condivisione del sonno con una neonata così piccola, nei primi due mesi ho adottato la soluzione che Sears chiama "sidecar". Consiste

---

[11] P. 14.

nel prendere un lettino e attaccarlo al lettone. Ormai si trovano in commercio diversi tipi di lettini predisposti allo scopo. Il più famoso, che ho comprato anche io, si chiama "Next2me". È abbastanza caro, però si può acquistare usato su ebay, o siti similari. Oppure si può comprare nuovo e rivenderlo successivamente: c'è un mercato molto fiorente attorno a questi supporti.

Esercizio: le ricette infallibili degli "esperti"

Anche a te è capitato di ricevere critiche sul modo in cui gestisci le nanne del tuo bambino? Parenti, colleghi, amici... tutti pronti a prescrivere questo o quel metodo per far dormire al meglio tuo figlio. Tutti pronti a puntare il dito, sostenendo che "così non si fa, stai sbagliando tutto". Prova a descrivere la tua esperienza.

Sleep regression

Supponiamo che tutte le cose scritte in questo capitolo non ti interessino.

Il tuo bambino è un angioletto, il cosiddetto bimbo "buono" che mangia e dorme tutto il giorno. Ha sempre riposato nel suo lettino e si fa un bel po' di ore di nanna filate. Sei, sette, anche otto ore!

Ma a un certo punto succede QUALCOSA.

Il tuo bambino, arrivato – poniamo – ai sei mesi, comincia a svegliarsi nel cuore della notte. Prima una volta, poi due, poi tre... e oltre! Dal bambino "buono" che era, comincia a diventare un piccolo "demonietto" che non riesce più a stare tranquillo da solo. Ti cerca, vuole essere rassicurato, vuole stare sul lettone.

Perché succede? Ti fai mille domande. Pensi che il tuo piccolo abbia degli incubi, qualcosa che lo turba. O magari non ha mangiato abbastanza. Il latte sarà sufficiente? Bisogna forzarlo a mangiare più pappe?

Non sai cosa fare.

Già: cosa fare?

La prima cosa da sapere è che questi periodi CAPITANO. Eh, sì! Ci sono momenti in cui il bambino manifesta dei "peggioramenti" del sonno notturno, svegliandosi con più frequenza. Si chiamano "sleep regression", cioè regressioni del sonno. Di solito si verificano in corrispondenza di periodi di crescita importanti del bambino, per esempio quando inizia a stare seduto da solo, oppure quando comincia a gattonare o a camminare. Questi cambiamenti creano al piccolo una sorta di instabilità emotiva, che si manifesta di notte. Comincia a farsi strada nella sua psiche l'ansia da separazione. Non importa quanto siate affettuose e presenti: ogni bambino passa attraverso questa fase, con diverse modalità.

Purtroppo le sleep regression sono frequenti. Non bisogna mai cantare vittoria troppo presto! Anche quando il bebè sembra essersi stabilizzato, può ricominciare con le sveglie notturne in qualsiasi momento.

Non c'è da preoccuparsi: bisogna solo aspettare che il bimbo superi questa fase. È bene saperlo per essere preparati, e non pensare che siamo noi a sbagliare qualcosa. Lo dico per esperienza personale! Mi è capitato con la prima figlia. Da neonata si è sempre addormentata tardissimo, anche alle due o tre di notte, è vero... ma, a partire dai due mesi di vita, una volta crollata si faceva otto-nove ore tirate nel suo lettino. A sei mesi, invece, ha cominciato ad addormentarsi prima, intorno alle undici di sera. PERÒ ha iniziato pure a fare un sacco di risvegli!

Perché all'improvviso il suo sonno era diventato così irrequieto? E perché non voleva stare più nel lettino, ma si calmava solo nel lettone, in mezzo a me e mio marito?

Ho consultato un paio di pediatri:

• Il primo ha detto che il mio latte non la saziava più. Quindi dovevo darle un biberon di formula artificiale e Plasmon prima della nanna. Peccato che Irene detestasse sia il biberon, sia la formula artificiale, sia i Plasmon. Sputava tutto schifata.

• Il secondo pediatra mi ha detto che "questa insonnia improvvisa non era normale" e perciò dovevo darle delle pastiglie a base di melatonina. Ma non me la sono sentita di somministrarle dei farmaci.

Io ho assoluta fiducia nella scienza. Se le bimbe stanno male e il pediatra mi dice che c'è da dare un antibiotico, lo do. Se c'è da fare un vaccino, lo faccio. Insomma, quando ci sono in ballo questioni mediche, seguo alla lettera le prescrizioni dei dottori. Ma siccome i risvegli notturni dei neonati NON sono una patologia, ho deciso di credere in me stessa e trovare la mia strada per gestire questa criticità.

È stato allora che, facendo ricerche su ricerche, mi sono imbattuta nel libro "Genitori di giorno e di notte".

Sai una cosa? Un libro può cambiare la vita! Mi ha aperto gli occhi sul sonno dei bambini, il loro bisogno di contatto e i modi per dormire al meglio col proprio piccolo.

In conclusione, non ci sono metodi miracolosi: ognuna deve trovare le modalità migliori per la propria famiglia.

È importante essere preparate ad accogliere il bambino con noi, se ne ha bisogno. Se magari non ha mai dormito nel lettone, ma durante un periodo di sleep regression ci accorgiamo che questo è l'unico modo per farlo stare tranquillo e dormire bene tutti quanti... non facciamoci troppi problemi!

Fate la nanna: un libro da evitare

Ho parlato di sfuggita dei metodi spacciati come "miracolosi" per insegnare al bambino a dormire. Ora mi soffermerò sul più famoso: il metodo Estivill, quello del libro "Fate la nanna". Se hai letto fin qui, avrai capito che non ci sono metodi univoci per far dormire il bebè. Le ragioni sono due:

1. Ogni bambino è diverso dall'altro. È assurdo proporre un metodo che possa andare bene per ogni neonato. Ci sono bimbi che si rigirano nel sonno, piagnucolano un pochino e poi si riaddormentano in autonomia. Ma ci sono anche bimbi che piangono disperatamente e hanno bisogno dell'aiuto dei genitori per tranquillizzarsi. Mamma e papà imparano, col tempo, quali sono le esigenze del loro cucciolo.

2. Come abbiamo visto dai dati scientifici, il bambino fino ai due-tre anni ha un sonno diverso dal nostro. Non si può pretendere che un neonato faccia le otto ore filate di un adulto.

Ciononostante, le direttive di Estivill continuano a essere seguite da genitori che ingenuamente le prendono per buone.

Ecco tutto quello che c'è da sapere sul metodo "Fate la nanna":

• A supporto delle teorie di Estivill non ci sono dati scientifici. Il libro non riporta nessuna bibliografia. Non ci sono studi effettuati su numeri significativi di neonati... anzi, non ci sono

studi di nessun genere! Si tratta di un parere arbitrario, non sostenuto da nessun dato.
- In cosa consiste il metodo? Nella "estinzione graduale del pianto del neonato", a cominciare dai tre mesi di vita (o anche prima, se il genitore è particolarmente "bravo"). Estivill consiglia di lasciar piangere il bambino nel suo lettino per intervalli di tempo sempre più lunghi, fino a quando non riuscirà a stare da solo per tutta la notte.
- Nella visione di questo signore, al neonato viene attribuita un'intelligenza "demoniaca", che gli permette di manipolare i genitori.

A tal proposito, Giorgia Cozza ha scritto un articolo illuminante. Fa capire come Estivill usi parole particolari per svilire l'immagine del bimbo. Ne riporto un estratto:

L'identità del bambino viene progressivamente svilita grazie a un sapiente uso dei termini che spersonalizza il piccolo privandolo delle caratteristiche – fragilità, vulnerabilità, dipendenza, tenerezza – che sarebbero d'intralcio nel conseguimento dell'obiettivo.

Il bambino viene definito marmocchio ("veder singhiozzare un marmocchio è avvilente"(2)), brigante, astuto, demonio.

E, cosa importante, gli vengono attribuite consapevolezza e cattive intenzioni (che fanno di lui una persona non solo fastidiosa, ma in qualche modo cattiva): "Sa bene quanto questi comportamenti disturberanno i genitori..."(3)

"Per farvi rinunciare all'impegno di insegnargli a dormire il bambino è capace di combinarne di tutti i colori".(4)

"Piangere; e accompagnare il pianto con il faccino più desolato del suo repertorio mimico. È la sua arma letale e lui lo sa".(5)

"(...) riesce a manipolare i genitori"(6)

"A quali altri trucchi ricorrerà?"(7)

Per farti capire meglio fin dove si spinge Estivill con l'uso delle parole, ti invito a leggere l'articolo intero: "Sonno dei bambini secondo Estivill" sul sito "Bambino naturale" (ecco il link dell'articolo: www.bambinonaturale.it/2012/03/sonno-dei-ba mbini-secondo-estivill).

Riassumendo:

• Sappiamo che fino ai tre anni (circa) non ha senso aspettarsi un sonno continuativo da parte del bambino.

• Sappiamo che Estivill non ha presentato nessuno studio scientifico a supporto della sua teoria.

• Sappiamo che non ha senso attribuire un'intelligenza manipolatrice al neonato.

Dovrebbe bastare per non dar credito a "Fate la nanna". Eppure c'è dell'altro. Devi sapere che nel 2012 Estivill... ha ritrattato tutto quello che c'è scritto nel suo libro!

Riporto le sue testuali parole, tratte da un'intervista sul sito della rivista spagnola "El Pais":

Le regole spiegate in "Fate la nanna" valevano per i bambini a partire dai tre anni che soffrivano della cosiddetta insonnia infantile per abitudini scorrette. Tali norme non possono essere applicate con i bambini più piccoli a causa dell'immaturità del loro orologio biologico (Fonte: "Fate la nanna: Estivill ritratta", di Angela Bisceglia, dal sito Nostrofiglio.it. Link dell'articolo: www.nostrofiglio.it/neonato/nanna/fate-la-nanna-estivill-ritratta).

Quindi lui stesso ammette che il suo testo non si può applicare al neonato, ma solo a casi di insonnia grave a partire dai tre anni in su.

Nonostante ciò, sono ancora molti i genitori che si affidano a questo metodo! E se non riescono a farlo, rischiano di sentirsi poco capaci nel gestire il proprio figlio. Un grave danno per l'autostima di mamma e papà.

È necessario che questo signore smetta di fare danni. Si tratta di una teoria smentita non solo da pediatri e altre personalità importanti, ma addirittura dall'autore stesso del libro!

Piccoli suggerimenti per gestire la nanna

"Ma se non esistono ricette miracolose, come poter gestire la nanna dei bambini senza stress?" ti chiederai. Beh, forse in queste pagine hai già potuto trovare qualche spunto. Non si tratta di metodi rigidi, con tabelle orarie. Sono semplici suggerimenti, che hanno funzionato per me e per molte neomamme che conosco. Non ho consigli miracolosi, per la verità. Magari esistessero! Sarei la prima a esserne felice. Ogni bimbo è diverso e ogni genitore, nel corso del tempo, trova il suo metodo migliore di accudimento, quello più vicino al suo essere, al suo modo di sentire e alle necessità del bambino.

Per praticità, riassumo i piccoli suggerimenti dati nel corso del capitolo, più qualche extra. Poi valuta tu quelli che possono essere adatti a te e al tuo piccino.

• Sarebbe meglio non contare il numero di risvegli del bebè, né le ore di sonno fatto/perso. Genera frustrazione e non è di nessuna utilità.

• Non è indicato forzare il bambino ad addormentarsi da solo, se non è predisposto a farlo. Se vedi che non ci riesce e comincia a piangere, puoi provare a sdraiarti con lui, spegnere tutte le luci, lucine e lucette, coccolarlo e aspettare che arrivi il sonno.

• Puoi aiutarti col ciuccio (se lo usa) o allattandolo da sdraiata (se prende il seno). In quest'ultimo caso, è bene tenere accesa una piccola abat-jour durante i primi mesi, per verificare che sia attaccato correttamente e respiri bene.

- Nei periodi in cui si sveglia tante volte, se si tranquillizza nel lettone e se ti fa piacere dormire con lui, accoglilo pure senza timori. Non farti scalfire dalle critiche non richieste.

- Puoi usare una culla da attaccare al lettone e sacchi nanna per avvolgere il bambino.

- Quando sarà più grandino, puoi abituarlo a dormire da solo in modo graduale, sdraiandoti insieme a lui nel suo letto per farlo addormentare.

- Durante i primi mesi, un ottimo modo per calmare il pianto e accompagnarlo nel sonno è cullarlo nella fascia.

- Approfitta di tutti i suoi pisolini per recuperare le forze anche tu.

4. Come credere in te stessa durante l'allattamento

Dedicato a chi non allatta

Dal mio quaderno magico della maternità:
L'altro giorno ho assistito a un litigio al parchetto.

Una ragazza, con in braccio un bimbo di pochi mesi, stava raccontando a un'altra mamma di non essere riuscita ad allattare suo figlio. In ospedale non le era arrivata la montata lattea, e non aveva ricevuto nessuna indicazione su come attaccare il piccino nel modo giusto. Una volta giunta a casa, la montata continuava a farsi attendere. Il bambino non poppava in maniera corretta e non prendeva peso, così si era rassegnata a dargli la formula artificiale. Da quel momento il bebè aveva cominciato a mangiare e crescere bene, diventando più tranquillo e sereno.

A quel punto l'altra mamma le ha detto che era impossibile non avere latte. Se avesse insistito, se l'avesse attaccato bene e di continuo, se avesse contattato un'ostetrica privata per farsi aiutare, il latte sarebbe arrivato.

Se, se, se... tutti quei "se" pesavano come macigni.

La prima mamma si è sentita giudicata, come se non avesse fatto abbastanza per il bene del

suo bambino. Ma non aveva bisogno di questo!
Era stato già molto traumatico per lei non poter
allattare, quindi avrebbe avuto bisogno solo di un
po' di conforto! *Il tutto si è aggravato con l'intervento*
indispettito delle altre mamme: chi prendeva le
parti dell'una e chi dell'altra.
Morale della favola? Sono volate parole
grosse, le due litiganti sono rimaste ferme nelle
loro posizioni e la loro amicizia si è incrinata.
A questo punto ti chiederai: ma perché questa
mi racconta dei litigi al parco? E perché inizia il
capitolo sull'allattamento parlando di chi non ha
allattato?
Perché ho realizzato che NON SOLO le mamme
che allattano devono gestire tante
problematiche. Anche le mamme che non
allattano hanno il loro fardello da portare.
Un fardello diverso, ma non meno pesante.
Me ne sono accorta raccogliendo i dati per
scrivere questo libro. Ho sentito il parere di
moltissime neomamme. Sai cosa mi ha colpito di
più? La delusione delle donne che non hanno
allattato. È stato un bene per me mettermi nei
loro panni. Queste mamme spesso mi hanno
detto di sentirsi giudicate, come se fossero
considerate "mamme a metà". A volte ricevono
commenti come "Chi allatta ha un rapporto più
speciale con il suo bambino", "Non capirai mai
cosa si prova". E così il senso di inadeguatezza,
che già subentra durante i primi mesi, viene
amplificato.

Frasi del genere, volte a minare l'autostima della neomamma, non sono MAI da dire! I motivi per cui un allattamento non va a buon fine sono molteplici. E nessuna si può permettere di giudicare.

Tu, neomamma che non sei riuscita ad allattare, sai benissimo che per il tuo bambino sei tutto. Sei la cosa più importante, la voce che lo consola, il respiro che gli dà la vita, il suo Sole. Questo lo sai bene, ti basta osservare il suo sguardo innamorato per comprenderlo.

Nonostante ciò, quando ricevi qualche commento sgradevole, una parte di te non può fare a meno di dubitare. Sei in un periodo di fragilità e basta poco per gettarti nella tristezza.

A tutte le donne, voglio dire che è ridicola la guerra tra chi allatta e chi non allatta. A qualunque mamma, qualunque siano le sue idee e le esperienze vissute, dovrebbe venire istintivo consolare un'altra mamma triste o in difficoltà.

Quindi smettiamo di giudicarci.

Mi rivolgo alle mamme che non hanno allattato: so che è dura, ma non fatevi toccare dai commenti indesiderati.

Voi sapete benissimo che state facendo di tutto... il 100%, anzi il 1000% per il vostro bambino. Quindi non preoccupatevi, andate avanti a testa alta. Reagite alle critiche col metodo infallibile che abbiamo visto: il sorriso! Fatevi una risata e godetevi il vostro bambino!

Esercizio: sviluppiamo l'empatia

Questo esercizio è importante per due motivi:

1. L'ho pensato per favorire il mettersi nei panni degli altri, sviluppando l'empatia. L'empatia è una qualità fondamentale nelle interazioni umane, eppure nella nostra epoca è merce rarissima. Viviamo nella realtà dei *social*, dove possiamo dire qualsiasi cosa a chiunque, protetti da uno schermo. Non vediamo l'espressione del viso di chi legge e non ci rendiamo conto di quanto le nostre parole possano ferire l'interlocutore. Sta a noi invertire questa tendenza, soprattutto tra neomamme. Impariamo ad aiutarci, anziché giudicarci. Il mondo diventerà di sicuro un posto migliore!

2. Il secondo motivo è che potrai essere di conforto a una mamma in difficoltà quando ti capiterà di incontrarla, perché avrai già riflettuto sulle parole che potranno supportarla.

Andando al sodo, ecco l'esercizio, diviso in due opzioni in base alla tua esperienza:

• **Se sei una mamma che allatta**: immagina di scrivere una lettera a una donna che non ha allattato. È giù di morale perché si sente giudicata male dalle altre mamme, non capisce perché tutte sembrano aver allattato senza problemi, mentre per lei non è stato possibile. Spiegale che è una mamma

111

meravigliosa, che non deve dar peso alle critiche e che sta facendo il meglio per il suo bambino.

- **Se sei una mamma che non allatta**: immagina di scrivere una lettera a una mamma che allatta. È giù di morale perché riceve una marea di consigli non richiesti: "Lo allatti troppo spesso", "Non riuscirai mai a staccarlo dalla tetta", "Ormai il tuo latte è acqua", ecc. Spiegale che non deve dare peso a queste critiche, perché deve fidarsi del suo istinto e soprattutto dell'istinto del suo bimbo.

Che ne dici? Difficile, eh?

Se non hai allattato penserai: "Ma io, che ho avuto così tante difficoltà e alla fine non sono riuscita ad allattare, perché mai dovrei consolare una mamma che ha avuto successo?". Se invece allatti, mi dirai: "Ma io cosa ne so di cosa provano quelle che non allattano?".

Questo lo pensiamo perché siamo abituate a essere schierate in fazioni opposte: chi allatta/chi non allatta; chi lavora/chi non lavora; chi manda i figli dai nonni/chi li manda al nido ecc. NIENTE DI PIÙ SBAGLIATO! Sono le pressioni esterne che ci dividono, che ci vogliono in guerra. Ma noi abbiamo il potere di cambiare le cose. AIUTIAMOCI, creiamo una rete di mamme solidali e amiche tra loro, nonostante le diversità!

Dottore! Il mio bambino vuole ciucciare ogni ora!

Due giorni dopo essere stata dimessa dall'ospedale dove avevo partorito Irene, sono stata chiamata per la prima visita di controllo. Ero disfatta. Non avevo dormito per tutta la notte. Avevo le occhiaie, i capelli sconvolti, non riuscivo nemmeno a stare seduta a causa dei punti alla lacerazione.

Il giovane pediatra di turno mi ha trovata disperata. Gli ho detto: "Dottore, mia figlia si attacca al seno ogni ora, sia di giorno che di notte! Non so più cosa fare, non riesco a dormire... è normale che ciucci così tanto?" E lui, serafico: "Certo, è normale che si attacchi di continuo. Per i neonati, notte e giorno non fanno differenza. Lei la attacchi ogni volta che vuole: l'allattamento è su richiesta del neonato".

Il pediatra aveva ragione. Mi ha detto quello che c'è scritto nei testi più aggiornati. Era un bravo pediatra, al passo coi tempi. Ma lui conosceva solo la teoria. Per ovvie ragioni non aveva mai allattato. Non pensava al fatto che una mamma insicura e stanca, per dormire almeno un pochino, potrebbe pensare di dare una piccola aggiunta di formula artificiale. Solo per una volta, giusto per avere qualcuno che le dà il cambio. Oppure potrebbe pensare di dar ragione alla vicina di casa, e far passare tre ore tra una poppata e l'altra, così da non avere sempre il bimbo addosso. Indovina un po'? Sono tutti metodi infallibili per ostacolare la produzione di latte.

Questo è un esempio per far capire come sia affrontato l'allattamento negli ospedali. I pediatri, anche se forniscono le informazioni corrette, poi non si curano di dare aiuto pratico alle mamme.

"E che tipo di aiuto pratico potrebbero dare? Sono dottori, mica delle balie" dirai. Certo. Ma proseguendo nella lettura, scoprirai che bastano piccoli consigli per dare un grande aiuto alle mamme alle prime armi.

Per farti capire cosa intendo, ti racconto un altro episodio. Proprio un mese fa, mi è arrivato un messaggio da una collega di mio marito, Laura. Mi chiedeva un consiglio per conto di un'amica neomamma: aveva un bambino molto vorace, che ciucciava il seno ogni ora! Secondo Laura, che non ha ancora avuto figli, era eccessivo.

Prima di chiamarla, ho riflettuto molto bene su cosa dirle. Perché se Laura avesse detto alla neomamma qualcosa del tipo "Secondo me lo stai attaccando troppo spesso", avrebbe potuto minare la fiducia dell'amica.

Quindi cosa si potrebbe dire in un'occasione come questa?

• Si potrebbe dire dire che sì, è normale che il neonato si attacchi ogni ora. Per questo la saggezza contadina prevedeva la famosa quarantena, in cui la mamma e il bambino non avevano altra occupazione che stare sdraiati a letto per potersi conoscere e per avviare l'allattamento nel miglior modo possibile.

- Si potrebbe dire che il bambino non ciuccia solo per fame, ma anche per sete: nella prima parte della poppata il latte è liquido, quindi se il piccolo dà ciucciatine veloci forse ha solo bisogno di dissetarsi. Eh sì, la natura ha pensato proprio a tutto, anche a fornire latte di diverse consistenze, in modo che il pasto sia bilanciato. Verso la fine della poppata il latte è più ricco di grassi, così da soddisfare le esigenze nutritive del piccolo e dargli un senso di sazietà. Per questo non bisogna staccarlo prima che abbia finito di mangiare. *L'orario delle poppate è un mito*, dice González nel suo delizioso libro "Il mio bambino non mi mangia". Con la sua lucida e simpatica ironia, ci spiega: *Ci fu un tempo in cui si credeva che i neonati dovessero succhiare ogni tre ore, o ogni quattro ore (e dieci minuti per ogni lato, per maggior scherno!). Ti sei chiesta qualche volta perché dieci minuti e non nove o undici? Evidentemente, sono numeri arrotondati. Com'è possibile che qualcuno abbia creduto che un "numero arrotondato" fosse un "numero esatto?" Ovviamente noi adulti non mangiamo mai "dieci minuti da ogni piatto ogni quattro ore". Quanto impieghiamo a mangiare una pietanza? Dipende da quanto velocemente mangiamo, guarda caso! Ai bambini succede la stessa cosa: se succhiano rapidamente impiegano meno di dieci minuti, se succhiano lentamente impiegano di più*[12].

---

[12] Opera citata in bibliografia, p. 66.

- Ricordiamo che il bimbo ciuccia anche per coccolarsi e rassicurarsi, per stare a contatto con la mamma.
- Infine, è importante sapere che il nostro lattante ha bisogno di attaccarsi al seno ogni volta che lo desidera. Per farci capire bene come mai il bebè poppi così spesso, Giorgia Cozza in "Allattare è facile!"[13] ci informa che lo stomaco di un neonato ha le stesse dimensioni del suo pugnetto. Insomma, è minuscolo!

Ma accanto a queste informazioni, si potrebbero dare dei consigli utili!
- Per esempio, la situazione può essere molto alleggerita se la mamma allatta da sdraiata. Così può riposarsi e riprendersi dalla fatica dell'accudimento continuo.
- Per evitare di disidratarsi, è utile avere sempre accanto una bottiglietta di acqua, da bere prima e dopo aver allattato.
- Un altro aiuto può essere dato dal portare in fascia, in modo da soddisfare anche in questo modo il bisogno di contatto del bimbo, permettendo alla mamma di avere più libertà nei movimenti.
- Ultima cosa: spesso la mamma che allatta sente di non poter delegare la cura del bimbo a nessuno. Solo lei ha il latte. È vero, il papà non potrà allattare, ma può comunque cullare il bimbo e portarlo a fare una passeggiata, in modo

---

[13] Opera citata in bibliografia

che la sua compagna possa riposarsi, fare un bagno caldo o una chiacchierata con un'amica. Quando ho dato queste informazioni alla collega di mio marito, lei era un po' scettica... ma la capisco! Anch'io, prima di avere le mie figlie, avrei potuto pensare che sarebbe stato strano avere un bambino attaccato al seno ogni ora.

Però questo scambio di informazioni può essere un seme che prima o poi germoglierà, che infonderà la curiosità di saperne di più. In generale, un buon modo per avviare bene l'allattamento è attaccare il bambino a richiesta e non dare degli orari. La produzione di latte si regola a seconda della richiesta. Più il neonato stimola il seno, più latte verrà prodotto. Il primo mese e mezzo è un periodo molto delicato: se non viene soddisfatta questa richiesta, la produzione di latte rischia di diventare insufficiente. Perciò cerca di attaccare il tuo bambino ogni volta che lo desidera, e, se te la senti, prova anche gli accorgimenti dell'allattamento da sdraiata e della fascia, per stare sempre a contatto con lui e contemporaneamente riposarti un po'.

Prima regola per avviare bene l'allattamento: ribalta l'ospedale

Cosa significa "ribaltare l'ospedale"? Significa fare tutto il possibile per ricevere le informazioni necessarie ad avviare l'allattamento. Se questo vuol dire chiamare ostetriche, infermiere e puericultrici, una dopo l'altra, finché non riesci ad attaccare correttamente il bambino... bene, è ora di farlo! Perfino se hai un carattere un po' riservato (come il mio), non è il momento di farsi problemi! Crediamo in noi stesse e facciamo sentire la nostra voce.

Ti do una notizia: non tutti i bambini riescono a poppare come se fosse la cosa più facile del mondo! Ci sono bimbi che hanno bisogno di un aiuto. Per esempio, Irene appena nata si attaccava al seno, ma non aveva l'istinto di ciucciare. Se ne stava lì, ferma, non sapendo bene cosa fare con questo capezzolo in bocca.

Il secondo giorno di degenza, una pediatra è venuta nella mia camera. Ha guardato la bambina con aria critica, poi ha scosso la testa e ha detto: "Se entro domani non comincia a prendere bene il seno è ora di darle l'aggiunta!"

Ero disperata. Non sapevo come aiutare la mia piccola! Non capivo se fosse in grado di assumere il latte, mi mancavano proprio le basi. Vedevo che stava attaccata, ma non sapevo se riuscisse anche a nutrirsi.

Per fortuna, quel giorno stesso, una puericultrice fantastica è venuta in camera per il suo giro di routine. Ha detto alla bimba: "Allora Irene, adesso è ora di cominciare a ciucciare per bene!" Non so di preciso cosa abbia fatto, ma nel giro di cinque minuti l'ha trasformata in una neonata voracissima, che beveva il latte come un vitellino affamato. Se non avessi visto la scena coi miei occhi, stenterei a crederci. Le ha frizionato la testina, l'ha massaggiata, le ha premuto il faccino contro il mio seno ed è riuscita a insegnarle a poppare in modo perfetto. Tanto è vero che il giorno dopo aveva già avuto un incremento di peso notevolissimo e non c'è stato motivo di darle l'aggiunta!

Non ricordo come si chiamasse quella puericultrice, ma le sarò grata a vita. Grazie a lei sono riuscita ad avviare l'allattamento. Da sola non ce l'avrei mai fatta.

Se si è alle prime armi, spesso un buon allattamento è basato sulla fortuna di incontrare persone competenti. Irene da quel giorno è diventata una delle bambine più voraci dell'ospedale, prendeva anche 200 grammi di latte per ogni poppata e non ho più avuto problemi con lei. Una consulenza di cinque minuti le ha insegnato a ciucciare in modo perfetto.

Ma siccome all'inizio non riusciva ad attaccarsi bene, mi sono venute delle ragadi molto dolorose che hanno impiegato circa due mesi per rimarginarsi.

Se il tuo bambino non prende abbastanza peso, se ti sembra che non riesca a poppare bene, se ti vengono le ragadi... mi raccomando, comincia a chiedere alle infermiere, alle ostetriche, alle puericultrici, ai pediatri, a chiunque ti capiti a tiro per aiutarti!

È un tuo diritto chiedere sostegno ed è un loro dovere assisterti, senza proporti la formula artificiale alla prima difficoltà.

Se in ospedale non riesci a trovare l'aiuto necessario, puoi contattare una Consulente de La Leche League (te ne parlerò in dettaglio tra poco).

Ma mi raccomando: non avere paura di chiedere! Fai di tutto per essere aiutata!

La Leche League

Ora ti darò due notizie: una buona e una cattiva. Quella cattiva è che, come abbiamo visto, nella società occidentale non c'è più una rete di sostegno familiare all'allattamento. E ora la buona notizia. Esiste un'associazione, presente in molti paesi del mondo – tra cui l'Italia – che si chiama *La Leche League,* (traduzione: *La Lega del Latte*). È nata per aiutare le donne in allattamento. Le sue Consulenti sono tutte mamme che hanno allattato e hanno eseguito un tirocinio per essere di sostegno ad altre mamme. E sono volontarie, quindi il loro aiuto è gratuito! Ecco qualche informazione utile, tratta dal sito www.lllitalia.org:

La Leche League è un'associazione di volontariato che si dedica al sostegno delle mamme che desiderano allattare. Non diamo consigli, ma informazioni; tantomeno diciamo alla mamma cosa "deve" fare; piuttosto la aiutiamo a trovare in se stessa le risorse e a sviluppare e rafforzare la sua autostima e le competenze per il suo personale modo di essere madre. Noi Consulenti non cerchiamo di convincere nessuno, ma siamo a disposizione di ogni mamma che desideri allattare il suo bambino, per affiancarla e sostenerla mentre va nella direzione che lei riterrà migliore per condurre il suo allattamento e accudire suo figlio.

La Leche League è composta da MAMME che hanno avuto a volte difficoltà nell'allattamento e hanno trovato nelle Consulenti tanto sostegno e tante informazioni preziose nei momenti di confusione e sconforto, superando queste difficoltà e sperimentando in prima persona l'esperienza di riuscire ad allattare. La Leche League offre contemporaneamente informazioni aggiornate e valide scientificamente, e un approccio umano ed empatico, da mamma a mamma. Le Consulenti de La Leche League aiutano le mamme a ritrovare la fiducia in se stesse compiendo uno degli atti più antichi del mondo. Se qualcuno vi sta "imponendo" una soluzione dall'esterno, NON STA AGENDO COME CONSULENTE de La Leche League (www.lllitalia.org/la-leche-league/che-cos-e-la-le che-league.html).

Nonostante l'indubbia utilità, La Leche League è poco conosciuta. Per esempio, quando ho fatto il corso pre-parto nessuno me ne ha parlato. L'ho scoperta casualmente e mi ha supportata molto, soprattutto con la mia seconda bambina.

Ebbene sì! Anche con Linda ho avuto dei problemi, nonostante avessi più esperienza.

Linda non aveva un ritmo di crescita corrispondente alla tabella rilasciata dall'ospedale. Dopo il secondo mese, aveva delle settimane in cui cresceva sopra la media e delle settimane in cui invece era sotto. Ero molto preoccupata. Mi avevano detto che se non avesse seguito quella tabella, avrei dovuto ricorrere alla formula artificiale. Allora ho chiamato la Consulente della mia zona, che è stata dolcissima e mi ha rassicurata. Mi ha spiegato che alcuni bambini hanno una crescita a scatti. Inoltre ci sono altri parametri da tenere in conto oltre al peso, come il numero di pannolini bagnati durante il giorno (che devono essere almeno sei-sette) e lo stato di benessere generale del bambino.

Queste informazioni mi hanno consentito di tenere d'occhio Linda e osservare che effettivamente cresceva bene. Non avrei avuto bisogno di ricorrere ad altro latte oltre al mio! Perciò, per qualsiasi problema con l'allattamento, vai sul sito dell'associazione La Leche League e consulta le FAQ, cioè le domande frequenti (www.lllitalia.org/domande-e-risposte.html). Se non trovi una risposta adatta al tuo caso, puoi chiamare la Consulente della tua zona e magari partecipare agli incontri di gruppo.

DEDICATO A CHI È IN ATTESA

Se hai ancora il pancione, che ne pensi di recarti fin da ora a qualche incontro de La Leche League? Io non mi sono interessata molto all'allattamento prima di partorire, sai perché? Per una stupida questione di scaramanzia! Avevo paura di "innamorarmi" troppo dell'idea di allattare, e quindi di rimanerci male se non ci fossi riuscita. Niente di più sbagliato! Quanto più preparata sei PRIMA di partorire, tante più possibilità di successo avrai DOPO!

Cominciando a frequentare gli incontri di zona, conoscerai altre neomamme e avrai una miniera di consigli utili per poter allattare il tuo bambino!

Problemi in allattamento

Come riassumere in un solo capitolo tutti i problemi che possono sorgere in allattamento? Non è possibile. L'unico consiglio che posso darti è di consultare il sito de La Leche League (www.llitalia.org/domande-e-risposte.html). Personalmente, ho affrontato diversi problemi: ragadi, ingorghi mammari, riflesso di emissione forte, inconvenienti dovuti agli scatti di crescita. Le ragadi sono ferite che vengono sul capezzolo, soprattutto a causa di un attacco scorretto da parte del bambino.

L'ingorgo mammario avviene quando il seno diventa duro, dolente e, a volte, si forma una specie di "palla" nella zona interessata. Se non si interviene in tempo per risolvere la situazione, l'ingorgo può evolversi in mastite.

Il riflesso di emissione forte è un problema che ho avuto con la mia seconda bambina, Linda. A due mesi circa, aveva cominciato a staccarsi dal seno in maniera brusca: dopo pochi secondi di allattamento, non ne voleva più e piangeva in modo inconsolabile. Nei momenti in cui si staccava mi usciva un getto molto forte di latte, o anche due o tre getti insieme, tipo fontana! Documentandomi sul sito dell'associazione La Leche League, ho scoperto che alcuni bambini, quando hanno pochi mesi, sono infastiditi dai getti troppo intensi di latte, e quindi si staccano in modo improvviso.

Gli scatti di crescita, invece, avvengono grossomodo intorno ai tre e ai sei mesi di vita. In questo periodo, il bambino vuole ciucciare sempre più spesso e non sembra mai sazio. A me è successo intorno ai due mesi e mezzo di Irene. Avevo paura che mi fosse andato via il latte. Il seno mi sembrava poco pieno, se lo spremevo uscivano poche gocce. Per fortuna non ho fatto ricorso a un'aggiunta, anche se sono stata sul punto di farlo. Gli scatti di crescita possono essere definiti anche in altri modi. González parla di "crisi del terzo mese" e la descrive così:

Aspetti della "crisi dei tre mesi":
1. Il bebè, che prima succhiava 10 minuti o più, ora finisce in 5 o meno.
2. Il seno, che prima era gonfio, ora è morbido.
3. Il latte che gocciolava, non gocciola più.
4. L'aumento di peso è sempre più lento.
Tutto questo è assolutamente normale. Il gonfiore del seno nelle prime settimane ha poco a che vedere con la quantità di latte ed è, più che altro, una infiammazione passeggera dovuta al fatto che i seni si "mettono in marcia". Il gonfiore e il gocciolamento sono "problemi di rodaggio" e scompaiono quando l'allattamento di stabilizza.
E naturalmente l'aumento di peso è sempre più lento. I neonati prendono sempre meno peso ogni mese che passa. Per questo le curve di crescita sono curve, altrimenti sarebbero rette[14].

---

[14] "Il mio bambino non mi mangia", opera citata in bibliografia, p.111.

Ti ho parlato di questi problemi non per spaventarti, ma a titolo informativo. La cosa positiva è che, spesso, è possibile risolverli in maniera semplice. Per esempio, per sbrogliare la situazione degli ingorghi, mi sono tornati utili gli impacchi consigliati dall'ostetrica del corso pre-parto. Per il riflesso di emissione forte, mi sono trovata bene variando posizione di allattamento, come indicato nel sito de La Leche League. Ma non ti descriverò nel dettaglio i modi in cui ho risolto le mie complicanze. Ogni mamma, insieme alla Consulente, può trovare la maniera per superare il momento di difficoltà. Ciò che ha funzionato con me non è detto lo faccia anche con te, ogni mamma ha una storia a sé.

Infine, vorrei parlarti dei problemi di salute in allattamento. Mentre allatti possono capitarti vari malanni: dal mal di gola a un dente da devitalizzare. Purtroppo i farmacisti e, ahimè, anche i medici di base, a volte non sono informati sulla compatibilità delle medicine con l'allattamento. Se leggi i bugiardini, poi, sembra che tu non possa nemmeno usare un collutorio per sciacquare la bocca! Se sei in dubbio, non ricorrere mai al fai da te, neanche con rimedi "green" (molte sostanze naturali come la pappa reale, ad esempio, sono da evitare in allattamento!). E allora come fare? Potersi curare è un diritto delle neomamme! Ma non preoccuparti. In Italia abbiamo un numero utilissimo da chiamare: quello del centro antiveleni di Bergamo. Troverai personale informato sui medicinali da poter assumere in gravidanza e allattamento. Non scoraggiarti se non prendi subito la linea: è un centralino molto gettonato, riprova finché non hai successo! È l'unico servizio di questo tipo in Italia, perciò viene subissato di richieste da ogni parte della penisola. Ecco il numero, che ne dici di segnarlo nel quaderno magico della maternità? 800.883.300.

Alimentazione in allattamento

Ci sono cibi che rendono cattivo il latte?
E cibi che fanno aumentare la produzione del latte?
La birra "fa latte"?
La risposta a queste domande è "no".
I miti riguardo ai cibi proibiti o consigliati in allattamento variano a seconda delle epoche e dei luoghi. Ad esempio, in India le mamme hanno un'alimentazione basata su spezie dal sapore intenso. Addirittura nel loro liquido amniotico sono state rilevate tracce di curry. Eppure non hanno problemi né in gravidanza né in allattamento. La mia amica indiana Vijeta, quando le ho raccontato che in Italia alcune mamme evitano di mangiare aglio e peperoncino in allattamento, è rimasta basita!
Il bimbo già nella pancia impara a conoscere i gusti della mamma, quindi non avrà problemi ad "assaporare" di nuovo quegli aromi nel latte.
Gli aspetti su cui bisogna fare attenzione riguardano questi ambiti:
• alimenti mal tollerati/allergenici per la mamma o per il bambino. Se hai qualche sospetto di questo tipo, recati a fare tutti gli accertamenti medici del caso
• alimenti che contengono caffeina o teina o altri eccitanti, come per esempio il cioccolato. Bisogna assumere queste sostanze con moderazione. Dal sito www.lllitalia.org traiamo qualche indicazione in più: *Una modesta quantità*

*di caffè (una-due tazzine al giorno) è solitamente
ben tollerata dai bambini.* È bene ricordare che la
caffeina è presente anche in molte bevande (per
esempio le bevande industriali analcoliche), come
anche che esistono sostanze analogamente
eccitanti (la teina nel tè, la teobromina nel
cioccolato); non c'è un divieto assoluto a
consumarle, però è valida la regola di limitarne il
consumo totale.

- l'alcol passa velocemente attraverso il
latte, quindi sarebbe opportuno evitarlo oppure
assumerlo in dosi molto limitate. La Leche
League consiglia: *L'alcol è una sostanza che si
trasferisce con rapidità ed efficacia nel latte
materno, e quindi al bambino.* Mezzo o un
bicchiere di vino al giorno, consumati insieme al
pasto hanno un effetto assai minore di qualcosa
di più alcolico consumato lontano dai pasti e sono
solitamente permessi alla madre che allatta,
anche se sarebbe più sicuro non assumerne
affatto *(fonte per queste ultime due citazioni:
https://www.lllitalia.org/i-pasti-e-le-poppate-dev
ono-essere-ben-distanziati/10017-domande-e-ris
poste/l-alimentazione-della-mamma-che-allatta/
536-ci-sono-alimenti-che-fanno-male-al-bambino
-allattato-che-gli-fanno-venire-le-coliche-o-che-r
endono-sgradevole-il-sapore-del-latte.html)*.

- In conclusione, bisogna mantenere la dieta
varia, sana e bilanciata che si raccomanda in
gravidanza, e in generale in tutte le fasi della
vita.

Ciuccio sì o no?

Com'era il tuo bambolotto preferito? Quello con cui giocavi sempre quand'eri piccola? Probabilmente biondo e paffutello; apriva e chiudeva gli occhi, aveva un bel ciuccio e anche un biberon.

Ora che sei grande, prova a osservare come sono rappresentati i neonati nelle pubblicità, nei cartoni, nei film e nei telefilm. I bambolotti smettono di piangere col ciuccio. Maggie Simpson ha un perenne ciuccio in bocca. Tippy, la sorellina di Topo Tip, è sempre lì a succhiare il suo ciuccio rosa. L'apetta neonata de "La casa delle api" sfoggia un delizioso succhiotto, sempre di colore rosa. In tutti i cartoni che guardano Irene e Linda, se c'è un bebè c'è anche un ciuccio.

Nel nostro immaginario, il bambino piccolo è accompagnato da ciuccio e biberon. Questa visione comincia a esserci inculcata quando siamo molto piccole.

Certo, negli ultimi anni si è iniziato a dire che il ciuccio interferisce con l'avvio dell'allattamento, quindi almeno nel primo mese è meglio non proporlo. Era stato detto anche a me, al corso pre-parto. Peccato che, al nido dell'ospedale, le ostetriche per calmare i bambini mettessero loro dei ciucci... oltretutto addolciti con sostanze glucosate!

Penso ci sia molta confusione a riguardo. In generale, sembra che il ciuccio sia un oggetto di cui un bambino non possa fare a meno. E allora cosa succede se il tuo bambino non lo accetta? Succede che non si sa più dove sbattere la testa. Tutti ti compatiscono perché hai questo figlio che si calma solo con la tetta e "vede la tetta come un ciuccio". Una frase senza senso, non trovi? Semmai è il ciuccio un surrogato della tetta, non viceversa. In natura il seno è stato creato non solo con una funzione nutritiva per il bambino, ma anche con una funzione calmante. Cosa voglio dirti con tutto ciò? Innanzi tutto voglio rassicurarti. Se hai un bebè che non accetta il ciuccio, non preoccuparti. Troverai altri modi per farlo calmare (con la fascia, con il seno, col contatto pelle a pelle...). Parlo per esperienza. Irene non ha mai voluto il ciuccio, lo sputava. Io ero spiazzata, non sospettavo nemmeno l'esistenza di neonati che rifiutassero il ciuccio!

All'inizio è stata dura, ma sul lungo periodo mi sono trovata bene: una volta tolto il seno (a un anno e mezzo), si addormentava con le coccole della mamma o del papà, senza bisogno di un giocattolo preferito né di un ciuccio da portare sempre appresso. In più, non ha neanche subito il trauma dell'allontanamento dal succhiotto.

Quando poi è nata Linda, ho deciso di non imporle il ciuccio. Era una bambina tranquilla e serena, piangeva pochissimo. Non sentivo la necessità di darglielo. E questa, per noi, si è rivelata essere la strada giusta. Però ho ricevuto una miriade di commenti negativi, anche da persone della mia famiglia! Mi sono addirittura sentita dire che non le proponevo il ciuccio perché Irene non l'aveva mai accettato, e quindi per una sorta di "ripicca" non volevo darlo nemmeno a lei! Immagina cosa significa sentirsi dire ciò durante il primo mese di vita della tua bambina, quando fai di tutto per assicurarle tutte le cure possibili con un amore grandissimo, che solo una neomamma può provare. Ti senti dire che non vuoi abbastanza bene a tua figlia: è terribile! Ma per fortuna ero già alla mia seconda esperienza, ero molto sicura di me e non mi sono fatta toccare da queste critiche. Ho creduto in me stessa e ho fatto bene!

Un'altra obiezione riguardava i rigurgiti. Linda (come molti neonati) durante il primo mese rigurgitava tantissimo. Alcuni parenti mi dicevano che faceva così proprio perché non le davo il ciuccio e quindi beveva più latte del necessario. Ebbene, ho sentito il parere di due pediatri e di due ostetriche: tutti mi hanno detto che i rigurgiti non sono un problema per il bambino. Costituiscono un problema per noi, che dobbiamo pulire tutto, ma per loro non è né pericoloso né doloroso. Infatti quando Linda rigurgitava non faceva una piega. Si limitava a girare la testina, rimettere e poi tornare calma come prima. Non un pianto, un corrucciamento del visino, niente. Quando i bimbi sono piccoli, hanno la bocca dello stomaco aperta ed è facile che il latte torni su.

Ma dura poco, bisogna portare pazienza giusto i primi mesi.

In compenso, pediatri e ostetriche mi hanno raccomandato di non ascoltare chi mi diceva di darle il ciuccio in quel primissimo periodo, perché c'era il rischio che interferisse con l'allattamento.

"Quindi cosa vuoi dirmi? Che il ciuccio *non* va dato?" ti chiederai ora.

NO!

Intendo dire che ogni mamma deve fare ciò che ritiene migliore per lei e per il suo bambino. Ognuna deve avere fiducia nelle sue capacità e nel suo istinto!

Se per te la cosa più pratica è dare il ciuccio a tuo figlio, dallo. E non ascoltare chi ti dice che non devi farlo! Non ascoltare i consigli della tua vicina di casa perfettina che ha allevato cinque figli senza ciuccio. E, in questo caso, non ascoltare nemmeno me (eheheh)!

Viceversa, se il tuo bambino non prende il ciuccio o se decidi tu di non darglielo, non badare a chi ti dice che il ciuccio è fondamentale per allevare un figlio. Non è vero. Rimani ferma nella tua posizione e non preoccuparti.

Non ti far toccare da quelli che ti criticano! Il bambino lo devi gestire tu e non altri!

Esercizio: la scelta giusta per il tuo bambino

Se non dai il ciuccio a tuo figlio, vieni criticata perché lo privi di un oggetto fondamentale. Se invece glielo dai, ti criticano perché danneggi la sua dentizione e gli crei una dipendenza. Insomma, non va mai bene niente. Tu cosa hai scelto per il tuo bambino? Hai ricevuto commenti negativi per questa decisione? Prova a descrivere la tua esperienza.

Fino a quando allattare?

Prima di diventare mamma, avevo sentito decine di aneddoti su come togliere il ciuccio ai bambini.

Gente che metteva vermi sul ciuccio per spaventare il figlioletto; gente che faceva buttare il ciuccio in mare, che lo nascondeva, che lo faceva portare via dalla "fatina del ciuccio" o da Babbo Natale.

Ma non avevo mai sentito storie su come fare a togliere il seno.

Immaginavo che, raggiunti i fatidici sei mesi, il bambino piano piano si interessasse alle pappe e si staccasse da solo.

Invece NO.

Non è affatto semplice! Quando il pediatra spiega come introdurre i cibi solidi, sembra che il bambino per magia inizi a mangiare i suoi 150 grammi di pappa a pasto. Così, da un momento all'altro. Il primo mese mangia a pranzo, il secondo a cena, e nel giro di poco eccolo a sbafarsi le sue pappe senza più il ricordo della tetta.

In verità è un processo molto graduale. A tanti bambini non piacciono le prime pappe liquide, iniziano a mangiare direttamente quelle solide quando mettono qualche dentino.

Ma anche chi è interessato alla pappa fin da subito, inizialmente prenderà due o tre cucchiaini e basta. Quindi l'allattamento è molto importante anche quando si inizia a proporre l'alimentazione complementare.

Le mie bimbe non sono mai state molto interessate alle pappe. In compenso, hanno continuato a ciucciare il seno ben oltre i sei mesi. Io non ero preparata, però documentandomi sul sito www.llitalia.org mi sono rassicurata. Addirittura l'Oms (l'Organizzazione Mondiale per la Sanità), consiglia di allattare i bambini ALMENO fino ai due anni.

E allora, quando bisogna togliere il seno al bambino?

Non c'è una risposta univoca. Ogni coppia mamma-bambino deve trovare il suo modo e il suo tempo, senza farsi influenzare.

Per quanto riguarda me, penso che l'età ottimale sia verso i due anni, ma è una cosa soggettiva. E poi bisogna vedere come si scontrano i nostri propositi con le situazioni che ci troviamo a vivere.

Per esempio, quando sono rimasta incinta di Linda, Irene aveva un anno e mezzo. Anche se mi ero proposta di allattarla per i primi due anni, non me la sono sentita di continuare. Le nausee gravidiche mi facevano vomitare tre volte al giorno. Ero molto provata fisicamente e non riuscivo a gestire anche un allattamento.

Mi sono trovata nella situazione di doverla staccare dal seno prima di quanto pensassi.

L'ho fatto in accordo con mio marito: il suo aiuto è stato fondamentale.

Così come non mi ero fatta influenzare, in precedenza, da tutti quelli che mi dicevano di toglierla dal seno raggiunti i sei mesi, non mi sono neanche fatta influenzare dalle amiche più intransigenti, che mi dicevano di continuare ad allattarla mentre ero incinta. Mi riportavano aneddoti di mamme che allattavano col pancione e, una volta nato il piccolo, allattavano in tandem i due fratellini. Se si trovano bene, fanno benissimo a farlo. Ma, personalmente, non me la sentivo.

Perciò, io e mio marito ci siamo ritrovati a gestire la situazione senza sapere bene come fare. Non avevamo nessuna idea di come poter staccare una bimba così innamorata del seno.

Gradualmente abbiamo iniziato a proporle una tazza di latte vaccino la sera, prima di andare a nanna, e la mattina, per colazione. A lei piacciono molto i cereali, quindi la tazza di latte con cereali le è andata a genio fin da subito.

Durante il giorno siamo riusciti a staccarla bene in poco tempo. Il problema rimaneva di notte: quando si svegliava, cercava il seno. Quando ho provato a non darglielo, piangeva disperata. Non c'era verso di calmarla, né in braccio di mamma né in braccio di papà.

Per fortuna, ogni tanto faceva già qualche notte di sonno continuativo. Proprio in quel periodo, sono coincise un paio di nottate senza risvegli, che mi hanno consentito di non darle il seno né di giorno né di notte. Quando ha cominciato di nuovo a svegliarsi, a quel punto per calmarsi le è bastato solo un abbraccio.

Nel giro di una settimana le avevamo tolto il seno, in modo non traumatico.

In quel periodo si era scelta un pupazzo a forma di Titti, che si portava dappertutto. Probabilmente era il suo modo per consolarsi. Per un mese ha tenuto Titti sempre accanto a sé: nel passeggino, a letto, in macchina, a pranzo, a cena. Però anche quel peluche, dopo poco tempo, è stato dimenticato. E Irene è tornata quella di sempre: giocherellona, socievole e amante di tutti i suoi pupazzi, a turno, senza essere attaccata a nessun giocattolo in particolare.

In questo momento sto allattando Linda, che ha tredici mesi. Quando dico "in questo momento" intendo letteralmente: sto scrivendo al computer con la bimba attaccata al seno. Quello che stai leggendo è proprio un libro nato dalle coccole e dal contatto con le mie figlie!

Tornando all'argomento principale: penso che prolungheró l'allattamento di Linda almeno fino ai due anni, sempre che lei non decida di interromperlo prima. Poi vedrò come gestire la situazione. Di sicuro andrà in modo differente da com'è andata come Irene, perché si tratta di bambine diverse e di situazioni diverse. Non posso sapere cosa aspettarmi, finché non lo vivrò. Magari mi farò aiutare da una Consulente de La Leche League. Ma l'importante è che l'allattamento vada avanti finché la mamma e il bambino si sentono appagati. Entrambi.

Intervista a una Consulente de La Leche League

Era una mite e soleggiata mattina di ottobre, quando sono andata a trovare la Consulente de La Leche League che mi ha aiutata a gestire l'allattamento di Linda senza intoppi, nonostante la bimba non rispettasse alla perfezione le tabelle dell'ospedale.

Per una questione di privacy, il nome dell'intervistata non verrà riportato. Ecco, quindi, la nostra chiacchierata.

Come hai deciso di diventare una Consulente de La Leche League?

Ho conosciuto La Leche League durante il corso pre-parto, grazie all'ostetrica che ci ha parlato dell'esistenza di questa associazione. Ho iniziato, quindi, durante la mia prima gravidanza a frequentare dei gruppi di mamme e questo mi ha sostenuta molto, e ho continuato a frequentarli fino a quando è cresciuta la mia prima figlia. Poi ho continuato ancora dopo il parto della seconda figlia… e anzi, non mi bastava andare agli incontri di una Consulente, ma andavo a cercarmi tutti gli incontri di Milano e hinterland.

Non ho mai avuto dei grossi problemi di allattamento, se non magari qualche ragade, qualche ingorgo. Poi ho capito che anche questi semplici intoppi, che possono succedere a qualsiasi mamma, se non hai un sostegno potrebbero compromettere l'allattamento, perché se non sai come gestire un ingorgo, questo può sfociare in mastite. Insomma, alcune mamme smettono di allattare perché non riescono a risolvere questi problemi. Quando ero incinta della terza figlia ho deciso di rimanere a casa dal lavoro. Avevo più tempo per leggere, per studiare. Ho sentito il desiderio di sostenere altre mamme. Nei gruppi che frequentavo ho visto quanto era difficile, e anche dolorosa, una cosa così scontata e naturale come l'allattamento. E così ho iniziato il mio percorso di tirocinio per diventare Consulente.

Che tipo di preparazione hai seguito?
Per diventare Consulente de La Leche League prima di tutto bisogna avere dei prerequisiti di base, ossia essere mamma e aver allattato almeno un figlio fino a un anno di vita del bambino. Poi c'è un percorso di formazione molto preciso da fare: un tirocinio che comprende partecipare agli incontri di un'altra Consulente per farsi conoscere e per iniziare a capire come gestire un gruppo.

C'è una parte di studio più tecnico e teorico sull'allattamento e le varie problematiche a esso relative; una parte per conoscere l'associazione, come è strutturata e come funziona; una parte di lavoro personale sulla propria storia ed esperienza di gravidanza e allattamento; un'altra parte di formazione su tecniche di ascolto e comunicazione. Impariamo ad ascoltare le mamme senza giudicarle, in modo da sostenerle, accoglierle, accompagnarle nel loro percorso che è un percorso unico. Ogni mamma – ogni bambino – sono diversi, per cui non esiste una cosa che è giusta e una cosa che è sbagliata in assoluto. Quello su cui noi impariamo a lavorare è sostenere le mamme nelle loro scelte, che possono essere anche completamente diverse dalle nostre. In inglese questo si chiama *empowerment*. Non c'è un'unica parola in italiano per tradurlo. Ma io direi "aiutare ogni mamma a credere in se stessa e trovare la propria strada".

Quali sono i problemi più ricorrenti che ti sottopongono le mamme?
Uno dei problemi più ricorrenti è come scalare l'aggiunta. Questa è proprio la domanda classica, diffusissima. Mamme al primo, secondo, terzo mese di vita del bambino che hanno iniziato per svariati motivi a dare l'aggiunta: su prescrizione del pediatra, o alcune già in ospedale alla dimissione, altre più avanti magari perché il bambino sembrava che crescesse poco senza rispettare le tabelle standard. Molto spesso, si inizia con un'aggiunta e poi si entra in un circolo vizioso da cui è difficilissimo e faticosissimo uscire. È possibile, ma a quel punto bisogna iniziare a usare il tiralatte e… insomma, diventa tutto molto più complicato. Un altro problema per cui spesso le mamme chiamano è un sostegno nello smettere di allattare, quindi per farlo nel modo più dolce possibile, senza creare traumi al proprio bambino. E poi magari la gestione di ingorghi e mastiti. Questi sono i problemi più

diffusi. Tante mamme ci chiamano anche per problemi medici specifici e per capire la compatibilità con i farmaci, perché purtroppo qualsiasi tipo di problema abbia una mamma (dall'anestesia dal dentista, a cose gravi come magari curare un tumore) i medici molto spesso non sono assolutamente informati, per cui loro di base dicono: "Signora, deve smettere di allattare perché i farmaci che deve prendere non sono compatibili". Avviene anche, ad esempio, nella cura di una depressione post partum. Quindi tutto il lavoro che facciamo noi è di sostenere la mamma nel chiedere al medico, nell'esplicitare la sua volontà di continuare ad allattare e di chiedere di trovare dei farmaci compatibili, che la maggior parte delle volte esistono... basta cercarli.

Di solito sono problemi risolvibili con una consulenza telefonica? E se occorre vedersi di persona come si procede?
I problemi, sì, di solito sono risolvibili telefonicamente. Noi Consulenti seguiamo mamme in tutta Italia e a volte anche mamme italiane che sono all'estero, per cui le seguiamo telefonicamente. A volte basta anche una sola telefonata, oppure, se è un problema un po' più complesso, la mamma ci telefona più volte. La seguiamo anche per mesi, eventualmente. Anche perché noi Consulenti siamo poco più di cento in tutta Italia, quindi non tutte le mamme hanno una Consulente vicino. Se è possibile, le mamme sono invitate a partecipare ai nostri gruppi. Ogni

143

Consulente tiene un gruppo "da mamma a mamma", cioè un gruppo di mutuo aiuto una volta al mese, e quindi le mamme non solo ci conoscono di persona ma conoscono anche altre mamme. Eventualmente, se la mamma volesse far controllare l'attacco o far vedere il seno, viene invitata a casa della Consulente. Non tutte lo fanno, è a discrezione personale. Le Consulenti possono decidere anche a seconda del tempo libero che hanno, perché molte di noi, oltre ad avere i figli, lavorano, e se sono fuori tutto il giorno diventa più complicato.

Come si approcciano i pediatri di famiglia e il personale ospedaliero nei confronti dell'allattamento? Secondo te, perché spesso non riescono a seguire al meglio le neomamme in questa fase delicata?
Un dato di fatto è che nel corso di laurea in Medicina, Pediatria, Ginecologia, e quindi tutte quelle professioni che poi si ritrovano a contatto con le donne incinte o le neomamme, non esiste un esame obbligatorio sulla fisiologia dell'allattamento. Quindi questi professionisti non sanno nulla o quasi di allattamento. Oppure hanno informazioni obsolete. Sanno magari come dosare la formula artificiale, quanta darne a seconda dell'età e cose di questo genere, che sono più rivolte alla patologia. Invece, spesso non sanno nulla della fisiologia dell'allattamento, non sanno come sostenere una mamma con un semplice ingorgo, una ragade, o un attacco scorretto. Non sanno nemmeno che si allatta a

144

richiesta. Hanno le nozioni che vanno bene per la formula artificiale e non hanno competenze sull'allattamento. Esistono dei pediatri, dei ginecologi, delle ostetriche informati su questa cosa, ma dipende esclusivamente dalla loro volontà, dal loro interesse, dalla loro curiosità. Per cui, se frequentano i corsi di aggiornamento, o leggono libri per i fatti loro (una volta laureati e già diventati professionisti), acquisiranno queste conoscenze. Anche le competenze di ascolto e di sostegno non sono insegnante nel corso di studi. Quindi penso che il problema alla base sia questo. Se le università introducessero un esame obbligatorio per tutte quelle professioni che poi andranno a lavorare a fianco di una neomamma, forse le cose potrebbero cambiare (e come Leche Legue stiamo lavorando per raggiungere questo obiettivo!).

Il sapore del latte materno

Tu cosa ne pensi dell'allattamento in pubblico? Prima di diventare mamma, lo consideravo una stranezza. Eh sì, la società in cui viviamo ci fa apparire bizzarro l'atto più naturale del mondo. Una volta avuta la mia prima figlia, la mia ottica è cambiata. Per farti capire meglio cosa intendo, non mi dilungherò con dati e spiegazioni. No, ti propongo invece un piccolo racconto. Una storia autobiografica, basata sulla mia esperienza. È stata pubblicata sul blog di Codcast Channel, nel 2014. Si intitola "Il sapore del latte".

Il sapore del latte

"È mai possibile che un viaggio in treno di quaranta minuti mi atterrisca così tanto?" Mi chiedo per l'ennesima volta. Eppure è così. Da un mese e mezzo a questa parte, anche l'operazione più semplice sembra essere diventata una *mission impossible*.

Il mio compagno mi aiuta a salire, poi dalla banchina mi fornisce per l'ennesima volta le indicazioni su come muovermi con la carrozzina quando arrivo in stazione. Annuisco. Si scusa per non potermi accompagnare fino a lì, ma non gli hanno proprio voluto dare quel permesso in ufficio. Lo so, lo so. Lo saluto e mi incastro con la carrozzina in corridoio. La mia piccola Irene, di quarantacinque giorni, comincia immediatamente a frignare perché vuole stare in braccio. La tiro su, lascio la carrozzina parcheggiata lì e mi accomodo sul primo posto disponibile.

In poco tempo, i sedili attorno a me vengono occupati da una signora italiana di mezza età e da una giovane badante sudamericana col suo nonnetto al seguito. Socializziamo subito: io racconto della visita post parto che sto andando a fare, la signora italiana si complimenta per la bimba, la signora sudamericana mi mostra le foto della nipotina, Irene fa i versetti e il nonnetto invece non dice niente. Forse non è più lucidissimo.

Tutto sembra procedere tranquillo, ma dopo una decina di minuti accade proprio ciò che temevo... Irene diventa rossa, agita le gambine, corruga la fronte... e in pochi secondi, da roseo fagottino si trasforma in furia urlatrice. Tento di cullarla, di stringerla al seno, ma lei strilla ancora di più, a pieni polmoni.

«Ehm, scusatela, mi sa che ha fame...» mi giustifico coi compagni di viaggio.

«E tu dalle da mangiare» dice la ragazza sudamericana.

«Ma lei mangia solo dal seno!» Sbotto sull'orlo delle lacrime. «Ho provato a tirare il latte e darglielo col biberon... ma non vuole! La dovrei allattare qui, in pubblico».

«E allora fallo, che problema c'è? Allattare è la cosa più naturale del mondo» mi rassicura la signora.

Sono titubante... allattare in pubblico? Non l'ho mai fatto. Ma Irene urla, e vinco ogni resistenza. Abbasso un pochino la scollatura, lei si attacca voracemente e ci tranquillizziamo entrambe. Le due donne mi guardano con approvazione. Il nonnino, invece, ha uno strano ghigno sdentato. «Ehm. C'è qualcosa che non va?» Chiedo sulla difensiva.

Il vecchietto a questo punto si mette proprio a sghignazzare: «È che mia mamma ha avuto sette figli, e da piccoli eravamo sempre attaccati alla tetta, eppure non ha mai dovuto chiedere il permesso a nessuno per allattarci!» Spiega. «Io, poi, sono quello che è stato allattato di più, fino ai tre anni e mezzo». Il suo sguardo diventa nostalgico. Dopo una piccola pausa, aggiunge: «Mi ricordo ancora il sapore di quel latte: sapeva di miele, ma non miele normale, era come il miele d'acacia».

E allora viene anche a me da ridere, e poi subito dopo da piangere, con quegli sbalzi d'umore tipici delle neomamme. Questa volta, però, non sono lacrime di ansia e inadeguatezza, ma di felicità.

Esercizio: un gesto naturale

Le neomamme possono giocare un ruolo molto importante nel modo in cui la società considera l'allattamento. Nei paesi occidentali è ben tollerato mettere in mostra il seno con abiti succinti (e fin qui non c'è niente di male), ma può capitare che alcune persone storcano il naso di fronte a una donna che allatta il suo piccolo. E pensare che non si vede niente di particolare, perché la testa del bambino copre quasi tutta la scollatura! Noi mamme, però, possiamo cambiare le cose. Possiamo far sì che questo meraviglioso e antichissimo gesto sia considerato per quello che è: un atto naturale.

Ma ora veniamo al nostro esercizio. È un po' particolare, perché mette in campo la storia dell'arte. Prova a osservare un'immagine sacra che mostri una divinità intenta ad allattare, ad esempio Iside che allatta Horus o la vergine Maria che allatta Gesù bambino. Come puoi vedere, l'atto di tenere il bambino al seno è stato celebrato fin dai tempi più antichi. Quali sensazione ti trasmettono queste raffigurazioni?

5. Come credere in te stessa insieme al partner

Un argomento spinoso: il sesso dopo la nascita del bambino

Rompiamo subito il ghiaccio affrontando un argomento spinoso: il sesso dopo aver avuto un neonato.

Inizierei con una lettera che ho letto da poco sulla pagina Facebook di un pediatra. Sì, perché ormai su Facebook tutti, ma proprio tutti, devono avere una loro pagina di consigli "utili".

Questo pediatra riportava il messaggio di una mamma preoccupata perché, dopo la nascita del loro bambino, il rapporto col marito si stava deteriorando. Lo vedeva sempre più distante, preso dai suoi affari. Usciva spesso da solo o con gli amici, per avere dei momenti di distrazione dalle responsabilità della nuova famiglia, e stava poco con lei e col bambino.

Quale sarà stata la risposta del pediatra? Questa: la mamma doveva prendersi cura non solo del bambino, ma anche del partner, perché è una cosa che spesso le neomamme sottovalutano. Per tenerlo a casa accanto a lei, avrebbe dovuto sorprenderlo con delle *mise* un po' succinte, diverse dal solito, magari indossando dei tacchi a spillo.

Ho preso come esempio questa lettera, ma potrei citare numerosi altri consigli provenienti da riviste femminili, blog o programmi televisivi. I temi ricorrenti di questi "consigli" sono due:
1. La responsabilità di tutto è sempre della donna. È lei che comincia a essere meno interessata al partner, perché si "innamora" del bambino. Quindi l'onere di riconquistare le attenzioni del marito è sulle spalle della parte femminile. Non importa se è stanca, provata e depressa. Tutto deve essere solo a carico suo.
2. Il desiderio sessuale è sempre qualcosa che prova l'uomo. Quindi è l'uomo che, poverino, smania dalla voglia di sfogare i suoi istinti. La moglie invece, "l'angelo del focolare", è solo presa dal figlio e dalla casa. È lei che deve sforzarsi, fare un passo avanti per soddisfare il marito. Come se l'appagamento sessuale non faccia parte dell'amore e sia qualcosa che la donna deve concedere all'uomo, anche se in quel momento non se la sente. Sembra quasi che la parte femminile della coppia sia un essere asessuato. L'uomo predatore, la donna martire passiva.

Penso che questa visione sia svilente non solo per la donna, ma anche per l'uomo, visto come un eterno bamboccione che non si rende conto della nuova situazione. Un adolescente troppo cresciuto, che non capisce quanto l'equilibrio familiare sia cambiato, e non comprende che una neomamma ha bisogno di tempo per riprendersi

151

dalla stanchezza, dal trauma del parto e dagli scompensi ormonali.

Per fortuna i nostri compagni non sono i rimbambiti che vogliono farci credere.

Però é innegabile che l'equilibrio familiare sia rivoluzionato dall'arrivo del neonato. Occorrono mesi prima di capire come organizzarsi da tutti i punti di vista, compreso quello sessuale. E non si può pretendere di avere una vita intima attiva come una volta, quando c'è un bimbo piccolo da accudire!

Per quanto riguarda il tempo esatto da far passare dopo il parto, per poter tornare ad avere rapporti, è una cosa che varia da donna a donna. In caso di situazioni post-partum complicate, bisogna valutare insieme al ginecologo. Ogni donna ha un parto diverso, più o meno traumatico o difficoltoso. Non farti influenzare dalla vicina di casa, che ha partorito in cinque minuti e che due mesi dopo era già impegnata in una fuga romantica col marito. Non cercare nemmeno informazioni di questo tipo su blog, riviste o libri. Ognuna ha un corpo diverso e tempi di reazione diversi.

E ora vediamo come si può collaborare col partner, per gestire questo momento delicato.

Se ci sentiamo un po' a disagio nella nuova situazione, può essere una buona idea confidare le nostre ansie al neopapà, per farci rassicurare. Spesso siamo noi che ci svalutiamo, perché ci vediamo diverse e perdiamo la fiducia in noi stesse. E poi, invece, scopriamo che il compagno ci trova desiderabili, anche se ci sembra di aver preso un sacco di chiletti durante la gravidanza, e non riusciamo più a curarci come prima. La neomamma non deve farsi problemi ad affrontare l'argomento col partner. Se è così stanca e provata, anche dopo molti mesi dal parto, da non riuscire nemmeno a pensare alla parola "sessualità", bisogna confidarlo subito. Non è giusto nemmeno per lei che questa parte dell'affettività sia assente dalla coppia! È bene parlare e affrontare la questione insieme. Se si vede che da questo punto di vista c'è qualche carenza, occorre dirlo. Ma come superare il problema nello specifico? Non c'è una ricetta univoca, valida per ogni coppia. Però un piccolo consiglio posso dartelo: non ascoltare i suggerimenti del pediatra che prescrive i tacchi a spillo. Ascoltiamo invece il parere del nostro caro dottor Sears. Lui sì che ha dato una bella risposta a una coppia in difficoltà! Quale? Leggi il prossimo capitolo e lo scoprirai!

La storia di Cathy e Jim

Immagina una coppia di genitori seguiti dal dottor Sears, quello di "Genitori di giorno e di notte": che coppia fortunata!

Ti parlerò proprio di loro: Cathy e Jim, che si sono rivolti a Sears per avere qualche consiglio su come gestire il nuovo equilibrio familiare. Il loro bambino si svegliava molto spesso la notte, ed era la madre a gestire queste emergenze notturne. Quindi era molto stanca e non riusciva più ad avere interesse verso i rapporti sessuali con il suo partner. Non è che non fosse più interessata a lui, non era proprio più interessata al sesso in generale, perché troppo provata fisicamente.

Allora il dottor Sears ha dato alla coppia alcuni suggerimenti, che sono stati bene accolti perché, come ci informa, "hanno funzionato".

Lascio la parola a lui:

Ho anche consigliato a Jim di corteggiare Cathy come da principio; le piccole cose possono avere molto significato: portarle dei fiori, trasmetterle messaggi d'affetto con gli occhi e con il tatto. Ogni tanto avrebbe potuto preparare il terreno per una serata romantica, tornare a casa e organizzare una cena a lume di candela, prendendosi cura del bambino e lasciando rilassare Cathy.

Ho anche incoraggiato Jim a essere flessibile. I più bei programmi fatti da mariti voluttuosi possono essere annientati dai bisogni

154

imprevedibili di un bambino. Se il bambino si sveglia proprio quando state per fare l'amore, evitate di trasmettere messaggi di "Maledizione, mancato di nuovo!", poiché non farete altro che indisporre vostra moglie. Invece, trasmettetele il seguente messaggio: "Ti aiuterò ad andare incontro alle esigenze del bambino così dopo potremo fare l'amore." Per qualche ragione misteriosa, quando una donna sente che il suo compagno rimanda il suo appagamento per il proprio bambino, spesso si sente più stimolata sessualmente.

Sì, si possono avere rapporti sessuali dopo essere diventati genitori[15].

Direi che non c'è niente da aggiungere!

---

[15] "Genitori di giorno e di notte", opera citata in bibliografia, p. 127.

Un pericolo da non sottovalutare

C'è un pericolo da non sottovalutare,
all'interno della dinamica di coppia.
Non sto parlando di sessualità, questa volta.
Usciamo da quel territorio: non è certo l'unico
pilastro che sorregge la solidità di un legame.
Parliamo invece della vita quotidiana.
Parliamo del nemico insidioso che mina la
complicità col nostro partner.
Questo nemico ha un nome: SILENZIO.
Il silenzio, quello che ti fa pensare: "Perché
devo dirglielo io? Lo dovrebbe capire da solo".
Per comprendere cosa intendo, ecco alcuni
esempi:
"È appena tornato a casa e non fa altro che
parlarmi del suo lavoro. E a me, non chiede
nemmeno come sto. Come se la sua giornata in
ufficio fosse più importante della mia giornata a
casa. Ma non lo vede che sono stanca, che ho gli
occhi rossi perché ho appena pianto? Cosa gli
costa chiedermi come mi sento? *Perché devo
dirglielo io? Lo dovrebbe capire da solo.*"
Oppure:
"Stanotte mi sono svegliata ogni ora per
allattare il bimbo. E adesso mi chiede di andare a
fare un giro in centro. Ma non potrebbe, invece,
portare il piccolo a fare una passeggiata, mentre
io riposo? Lui ha dormito otto ore filate e io
invece sono esausta, ho bisogno di recuperare il
sonno. *Perché devo dirglielo io? Lo dovrebbe
capire da solo.*"

O anche:

"A cena sono stata per la metà del tempo col bimbo in braccio, per calmargli le colichette. Nel frattempo, il mio *adorato* maritino si è pappato quasi tutto il sushi, che io attendevo di mangiare da nove mesi. Ma non si è accorto che io ne ho mangiato pochissimo? *Perché devo dirglielo io? Lo dovrebbe capire da solo*".

Se entriamo nella testa di lui, invece, i monologhi interiori potrebbero svolgersi così:

"Sono rientrato a casa e l'ho trovata triste. Così, per distrarla, le ho raccontato un po' di aneddoti dell'ufficio. Però non mi ha dato retta, ma anzi, sembrava arrabbiata. Perché? Cos'ho fatto?"

Oppure:

"Sarà sicuramente stressata a furia di stare tutto il giorno a casa ad allattare il bambino. Così le ho proposto di fare una passeggiata in centro tutti insieme. Ma si è di nuovo arrabbiata, perché?"

O anche:

"Pensavo che le avrebbe fatto piacere la sorpresa del sushi. Ma a metà cena il bimbo si è messo a piangere e l'ha voluto prendere in braccio lei, perché dice di essere l'unica a riuscire a calmarlo. E poi si è arrabbiata. Ma perché?"

Ti ritrovi in tutto ciò?

Forse sì. Ma se sei ancora incinta, potrai pensare:

"Pfui! Noi siamo una coppia collaudata, aperta al dialogo, ci parliamo sempre di tutto. Il mio lui

157

è pieno di attenzioni. Non mi capiteranno mai momenti simili".

Te lo auguro con tutto il cuore! Però sono situazioni comuni. Perché, spesso, chi è dall'altra parte non capisce come ci si senta a essere nel vortice del baby blues, dell'allattamento, delle notti insonni, dei sensi di colpa, dei dubbi e dei picchi ormonali. Non è che non lo capisca perché poco attento. Ma perché solo una neomamma può capire la stanchezza psico-fisica di una neomamma.

E quindi si entra nel vortice del silenzio. Non ci si parla, la vita di coppia si trasforma in una convivenza tra due estranei, i rancori si acuiscono, non c'è più complicità.

La situazione può avere una svolta col dialogo. Insomma: sembra banale da dire, ma è molto importante PARLARSI.

Sarebbe una cosa ottimale farlo subito, per evitare che la faccenda diventi esplosiva. Ma è comunque fondamentale farlo non appena ci si rende conto che il silenzio, questo insidioso nemico serpeggiante, sta distruggendo la complicità della coppia.

Anche se a te sembra una cosa ovvia, può essere utile dire a chiare lettere al partner ciò che ti turba. E invitalo a fare lo stesso, sempre e comunque. Magari scoprirete, insieme, che molti problemi che sembrano insormontabili possono essere di facile risoluzione... ma solo se affrontati in coppia! E la ritrovata armonia tra di voi farà bene anche al vostro bambino.

L'antidoto al veleno del silenzio è quindi la parola. Ma c'è anche un altro concetto chiave da tener presente. Se rileggi il capitolo, scoprirai che l'ho menzionato più di una volta: la COMPLICITÀ. La complicità è l'arma più potente che la coppia ha a disposizione per combattere qualsiasi minaccia. È la scintilla che tiene uniti e fa trovare la sintonia in qualunque situazione. Perché anche una cena di sushi, passata a tenere a turno il neonato, afferrando con una mano un rotolino di pesce e con l'altro l'asciugamano per i rigurgiti, può essere una serata da ricordare con una risata.

Siamo comuni mortali, non tutti riusciremo a organizzare "fughe romantiche a due per ritrovare l'armonia di coppia", come consigliano le riviste femminili. Non ne avremo la possibilità materiale, o semplicemente non ci andrà di allontanarci dal nostro fagottino, ancora così piccolo. Ma se siamo complici, riusciremo a trovare i nostri momenti a due anche nel turbinio della nostra nuova, rumorosa, complicata e stupenda famiglia.

Esercizio: incomprensioni di coppia

Forse è capitato anche a te di non sentirti compresa dal tuo partner. Non solo sei stanca e piena di incertezze, ma il rapporto col tuo compagno non va nemmeno come vorresti. Prova a descrivere i motivi di tali incomprensioni nel tuo quaderno magico. Poi, se ti va, parlane col tuo lui per avere il suo punto di vista.

Il ruolo del papà: il protettore

Una cosa bisogna ammettere: nei primi mesi post partum, la mamma forma una coppia quasi indivisibile col suo bambino. Ma questa non deve essere vista come una mancanza nei confronti del papà. È una cosa normale. Molti nomi sono stati dati all'unione della mamma col bimbo, durante il primo anno di vita. C'è chi parla di "massa a due" (Freud) e chi di "diade", adottando il termine coniato dal filosofo e sociologo tedesco Georg Simmel. Cito da "Il primo anno di vita del bambino" di René A. Spitz:

Per il neonato l'ambiente è costituito per così dire da un unico individuo: la madre o il suo sostituto. Inoltre quest'unico individuo non è percepito dal bambino come separato da lui, ma fa parte semplicemente di un insieme di bisogni di nutrizione e di soddisfazione. In contrasto con l'adulto, ne deriva che il lattante, allevato in maniera normale, passa il primo anno di vita in un "sistema chiuso". Per questa ragione, l'investigazione psichiatrica del bambino deve esaminare la struttura di questo "sistema chiuso". Si tratta di un sistema semplice, costituito di due soli componenti: la madre e il bambino; dovremo esaminare quindi le relazioni in seno a questa "diade"[16].

---

[16] Opera citata in bibliografia. Avendo utilizzato l'edizione Kindle, non mi è possibile riportare il

Spesso la "diade" può spiazzare il papà, ma non perché, come si legge nelle riviste femminili, si senta geloso e trascurato. Il problema è che non riesce a capire come essere utile. Vede la compagna stanca e vede il bambino che vuole solo le attenzioni della mamma; si sente di troppo perché non capisce come inserirsi in questo nuovo contesto, ha paura di non essere di nessuna utilità.

In questi casi, ricordo sempre una bellissima definizione che ha usato l'ostetrica del mio corso pre-parto: nei primi mesi, il padre ha il ruolo di **protettore**. Si crea così un bellissimo equilibrio che forma una "triade": la mamma protegge il bambino, il papà protegge il bambino e la mamma.

Da cosa li protegge? Innanzi tutto dalle critiche non richieste, che fioccano a volontà sulla neomamma, facendola sentire fragile e insicura. È compito del papà difendere le scelte educative che, non dimentichiamo mai, devono essere condivise da entrambi i genitori.

Poi il suo supporto è fondamentale nella vita pratica, nel far riposare la mamma e nel contribuire alla gestione della casa.

Attenzione! Qui dobbiamo fare autocritica noi mamme, perché spesso facciamo fatica a delegare i compiti che eseguivamo prima. Bisognerebbe capire che, in questo periodo

---

numero di pagina. Il capitolo è "I – Introduzione teorica", sottocapitolo "2. L'aspetto complesso del fattore ambiente".

delicato, non possiamo più essere come un tempo. È un lavoro da realizzare tutti e tre insieme, ci vuole pazienza. Occorre fare un passo alla volta e capire come organizzare la nostra triade. Ricordati che tu parti avvantaggiata. Il suono preferito del bambino è la tua voce, ha imparato a conoscerla molto bene nel pancione. Il battito del tuo cuore e il tuo odore saranno le prime cose che tuo figlio cercherà in questo mondo ostile. Già durante i nove mesi di attesa, il vostro legame si è fatto unico e indissolubile.

Perciò, sarebbe utile cominciare a formare la "triade" mamma-papà-bimbo fin da quando il piccolo è nel pancione. Di solito, nei corsi pre-parto sono previsti degli incontri di coppia, proprio per questo motivo. È importante che il tuo compagno capisca come ci si sente quando si è in balia di picchi ormonali, baby blues, dubbi e stanchezza, così da essere preparato e poterti aiutare. Oppure, cosa ne pensi di farlo partecipare, insieme a te, agli incontri con La Leche League? Il supporto del papà può giocare un ruolo fondamentale durante l'allattamento.

Concludo proprio rivolgendomi al tuo compagno di vita. Se ti va, puoi fargli leggere queste righe.

Caro papà,

hai presente la canzone "La cura" di Battiato, quella che dice Ti proteggerò dalle paure delle ipocondrie, dai turbamenti che da oggi incontrerai per la tua via?

163

Ebbene, è proprio il momento di essere così per la tua meravigliosa donna. Falle sentire il tuo amore, ora più che mai. Proteggila, falle capire che è bellissima, anche se non assomiglia alle mamme finte delle pubblicità. Ha le occhiaie, i capelli arruffati, è stanca, e lo è perché sta spendendo tutte le sue energie per curare e amare il frutto del vostro amore: vostro figlio. Falle sentire che sta facendo la cosa più importante del mondo, che è la più bella di tutte, con la sua stanchezza, la sua morbidezza, il suo profumo. Proteggila dalle critiche, dai dubbi e dai sensi di colpa. Aiutala e appena puoi falla riposare. Insieme state realizzando il vostro sogno: creare una famiglia! Metteteci tutto il vostro amore e non sbaglierete.

Esercizio di coppia

Questo è un esercizio da fare in coppia.
Scrivi i motivi che ti hanno fatto innamorare del tuo compagno. Invitalo a fare lo stesso. E poi... commentate insieme!

BIBLIOGRAFIA

Una bibliografia... a modo mio

Avrai ormai capito che non mi piace scrivere in modo accademico. Preferisco uno stile semplice e colloquiale. Per questo non mi limiterò a riportare uno sterile elenco di libri, ma ti racconterò qualcosa di ognuno, in modo da incuriosirti alla lettura. Perché la conoscenza è potere. In Italia si leggono pochissimi libri... non sarebbe bello invertire questa tendenza? Magari coinvolgendo i nostri bimbi! Nella bibliografia troverai anche un paio di libretti dedicati a loro.

Genitori di giorno e... di notte

Beh, di questo testo ti ho già parlato tanto. È il libro che mi ha insegnato come funziona il sonno del neonato, come gestire il momento della nanna credendo nel mio istinto di mamma. Mi ha aiutata a stare accanto alle bimbe senza dar retta alle critiche degli estranei.

L'unica pecca è che il dottor Sears dedica poco spazio alle mamme lavoratrici. È un libro scritto negli anni '80, quando ancora moltissime donne stavano a casa coi loro bimbi. È stato aggiornato una decina di anni fa, ma il capitoletto dedicato a chi lavora è molto scarso.

Purtroppo risulta difficile per una mamma lavoratrice recuperare il sonno durante il giorno, o rimanere a letto col bimbo fino a mattina tardi, come consiglia il libro. Ma risulta difficile anche a chi, pur non lavorando, ha fratellini più grandi da gestire da sola (parlo per esperienza personale).

In ogni modo, è un difetto di poco conto. Il fulcro del libro verte sulla gestione delle nanne notturne.

È edito da La Leche League, perciò non lo troverai nel circuito delle librerie tradizionali. Puoi richiederne una copia scrivendo all'indirizzo e-mail info@lllitalia.org, come ho fatto io.

E ora, i riferimenti del libro.

- Genitori di Giorno e... di Notte, William Sears, 2007, traduzione di Beatrice Romano, La Leche League, 204 pp.

La famiglia: un'istituzione che cambia

Ho utilizzato questo libro per documentarmi sull'evoluzione della famiglia nel corso degli secoli. È utile per capire come la famiglia sia un'istituzione mutevole, non statica come siamo abituati a pensare. Molto interessante la seconda parte, con documenti d'epoca che ci fanno capire come veniva percepito il gruppo familiare a seconda del periodo storico e degli stili di vita.

- La famiglia: un'istituzione che cambia, Vittorio Caporrella, 2008, Archetipolibri, 282 pp.

Allattare è facile!

Nel mio libro ho citato un solo testo di Giorgia Cozza ("Allattare è facile!") e un articolo. Tuttavia ti consiglio di dare un'occhiata a tutta la sua bibliografia: ha scritto testi utili per tutte le occasioni!

Per esempio, ha dedicato un volume alle mamme che non sono riuscite ad allattare, dal titolo "Latte di mamma, tutte tranne me!". Oppure, ha scritto un libretto molto carino per sopravvivere ai commenti non richiesti che vengono rivolti di continuo alle neomamme: "Scusate, ma la mamma sono io".

Personalmente, ho trovato davvero utile "Benvenuto fratellino, benvenuta sorellina", letto quando ero incinta di Linda. Ero piena di dubbi su come gestire le bimbe senza creare disparità, ma questo testo mi ha tranquillizzata, rendendomi l'attesa più piacevole. Giorgia Cozza ha uno stile dolce e rassicurante.

Sempre in quel periodo ho acquistato due libretti per Irene: "Alice e il fratellino nel pancione" e "Alice sorella maggiore", della stessa autrice. Diverse persone mi dicevano che Irene era troppo piccola per capire cosa stesse succedendo, e che leggerle libri sull'arrivo della sorellina sarebbe stato addirittura dannoso, perché l'avrebbe caricata di tensione. Non ho dato troppo credito a queste teorie. E ora posso dire di aver avuto ragione. La mia primogenita amava quei libretti e io li usavo per spiegarle i vari momenti dell'accudimento della sorellina.

Quando è nata Linda, Irene ha riconosciuto subito l'atto dell'allattamento, ed era molto orgogliosa di indicarmi il seno dicendo «Latte!», dimostrandomi di ricordare l'immagine del libro. In quei momenti non avvertivo gelosia da parte sua, perché era preparata a quello che stava accadendo. Perciò, mi sento di consigliare i libretti di Alice. Toccano vari argomenti: l'inizio dell'asilo, il Natale, l'ecologia, il rapporto con fratelli e genitori, ecc. Non sono libri con pagine rigide, per cui non li trovo adatti a bimbi piccolissimi. Irene ha cominciato ad apprezzarli attorno ai due anni, ma dipende da bambino a bambino. E ora ecco i riferimenti del testo che ho usato per il capitolo sull'allattamento. Si tratta di un agile manualetto tascabile, utile da portare con sé per risolvere i dubbi legati all'argomento.

- Allattare è facile!: suggerimenti da seguire ed errori da evitare per allattare a lungo e felicemente, Giorgia Cozza; illustrazioni di Maria Francesca Agnelli, 2012, Il Leone Verde, 103 pp.

A baby wants to be carried

Un libro utile per chi mastica un po' di inglese e vuole approcciarsi all'argomento "fascia" con un testo completo, ricco di belle immagini e informazioni scientifiche. L'autrice, Evelin Kirkilionis, è una studiosa di etologia umana. Ci ricorda, tra le altre cose, che apparteniamo alla famiglia dei primati, pertanto i nostri cuccioli sono naturalmente predisposti per essere portati dalla mamma. Alcuni riflessi istintivi del neonato, infatti, sono da imputarsi proprio al tenersi aggrappati al corpo del genitore. Si tratta di argomenti affascinanti e poco conosciuti, che hanno ampliato molto la mia prospettiva sul mondo del portare.

- A Baby Wants to be Carried: Everything you need to know about baby carriers and the benefits of babywearing, Evelin Kirkilionis, 2014, Pinter & Martin, 192 pp.

Portare i piccoli

Uno dei migliori manuali in lingua italiana sul portare. E non parla solo di fasce, ma è anche una miniera di informazioni utili sull'evoluzione della famiglia e sul mutamento della società negli ultimi anni. Lo stile è scorrevole e coinvolgente. Lo consiglio a tutti coloro che vogliono leggere un bel libro sulla maternità, indipendentemente dall'interesse o meno per il mondo dei supporti.

- Portare i piccoli. Un modo antico, moderno e... comodo per stare insieme, Esther Weber, 2013, Il leone verde, 280 pp.

Rivista "Un pediatra per amico"

"Un pediatra per amico" (spesso abbreviato in UPPA) è una rivista bimestrale, scritta da pediatri e indirizzata ai genitori. Trovo che i pediatri UPPA siano aggiornati, competenti e abili ad approcciarsi con le parole giuste a un pubblico di non specialisti. Per maggiori informazioni sulla rivista, puoi visitare il sito: www.uppa.it.

Sono qui con te

Un libro molto conosciuto nell'ambito della maternità ad alto contatto. Interessante perché si sofferma non solo sulla vita del piccolo appena nato, ma anche sulla fase prenatale. Inoltre analizza l'approccio delle diverse culture alla cura del bebè.

A mio personalissimo gusto è un po' troppo "esoterico", oserei dire "new age". Devo ammettere di preferire testi più pratici. Ma ha il grande pregio di essere uno dei primi libri che ha presentato al grande pubblico italiano un nuovo modo di vedere la maternità.

- Sono qui con te. L'arte del maternage, Elena Balsamo, 2007, Il leone verde, 150 pp.

173

Il primo anno di vita del bambino

Un classico della psicologia.
La premessa, scritta dalla figlia di Freud,
dichiara che si tratta di un libro godibile anche da
un pubblico di non specialisti. Ciononostante,
secondo me, ci sono parti un po' ostiche da
seguire per chi non è avvezzo al lessico
psicoanalitico.
In ogni modo, penso sia un libro da leggere.
Spitz ha studiato con rigore scientifico
l'importanza dell'affetto materno sull'equilibrio
psicologico del bambino, a partire dalle
primissime ore dopo la nascita.
Le ricerche di Spitz sono iniziate negli anni '40.
Il libro, per forza di cose, può apparire datato,
eppure sorprende per la carica innovativa di
molte affermazioni. Lo studioso è favorevole
all'allattamento a richiesta e al modello di
"attachment parenting" (anche se non usa
queste definizioni!), pratiche che tuttora sono
viste con diffidenza da una certa parte di
pediatri, tate e genitori. Inoltre spiega molto
bene il concetto di diade madre-neonato.

- Il primo anno di vita del bambino, René A.
  Spitz, 2013, Giunti, traduzione di Giuseppe
  Galli e Anna Arfelli-Galli, edizione per
  Kindle.

Noi ci vogliamo bene

L'autore di questo libro è una celebrità. Lavora nel team di Umberto Veronesi e presenta diversi programmi in TV.

Io, che uso la TV solo per guardare Rai YoYo con le bimbe, non avevo idea di chi fosse, fino a quando non ho visto il suo libro in uno scaffale della biblioteca. L'ho preso in prestito incuriosita dal titolo e dalla foto di copertina (sì, perché diciamocelo: Marco Bianchi è un bel figliolo). Ho trovato spunti molto interessanti, come il concetto di endogestazione ed esogestazione. Non condivido, però, tutto quello che ci spiega Bianchi. Ecco, dal mio punto di vista, i pro e i contro del libro.

• PRO: Bianchi ci racconta la sua esperienza come neopapà in modo dolce e coinvolgente. Dalla scoperta della gravidanza, alla scelta del nome, ai primi colloqui col pediatra... tutto viene vissuto con estrema partecipazione. Cucina per la famiglia, supporta la moglie nell'allattamento. Tutte le tappe della triade mamma-papà-bambino sono descritte con cura e amore. Sono stata molto felice di leggere la storia di questo neopapà: di solito racconti del genere si sentono solo da parte delle mamme. Forse è un segnale dei tempi che stanno cambiando? Sì, forse le difficoltà che la mamma trova nel gestire da sola la famiglia nucleare possono essere risolte proprio così: col coinvolgimento totale da parte dei papà! Niente più uomini che aspettano la nascita dell'erede fuori dalla sala parto camminando nervosamente, come si vede nei vecchi film, ma papà che, fin dall'inizio, partecipano in modo attivo alla costruzione della nuova famiglia.

- CONTRO: Marco Bianchi, Tecnico in Ricerca Biochimica, dà molte indicazioni sull'introduzione dei primi cibi solidi. E questo, di per sé, non sarebbe un male. Però penso che "la faccia troppo facile", per dirla in gergo. Mi spiego: la sua piccola Vivienne, a quanto ci viene riferito, mangia fin da subito tutte le pappe, e di gran gusto. Purtroppo, caro Marco Bianchi, non è sempre così. Molti bambini fanno fatica a passare dal latte ai cibi semi-solidi, non basta cucinare con tanto amore e imboccarli. Ci vuole calma e pazienza, rispettando i tempi di ciascun bimbo. Inoltre, l'autore è vegano e quindi il ricettario propone una dieta totalmente priva di carne. Qui ognuno la può pensare come vuole. L'importante, secondo me, è sentire il parere del proprio pediatra, se si decide di escludere un qualsiasi tipo di alimento dalla dieta del bambino.

Il giudizio globale è comunque positivo. Consiglio di darci un'occhiata: il racconto di questo papà è davvero piacevole da leggere!

- Noi ci vogliamo bene, Marco Bianchi, 2016, Mondadori, 198 pp.

Il mio bambino non mi mangia

Questo libro dovrebbe essere regalato a tutte le mamme che partoriscono. Al momento delle dimissioni, bisognerebbe mettere in mano della neomamma tutte le scartoffie dell'ospedale, un riepilogo delle visite di controllo, e una copia de "Il mio bambino non mi mangia".
Perché, parliamoci chiaro, non c'è mamma che non si disperi quando vede il suo bambino che "non le mangia" le pietanze amorevolmente cucinate. Io stessa, ogni tanto, vado in crisi di fronte ai piatti lasciati intatti dalle bimbe. Eppure sono stata a mia volta una bambina inappetente e ricordo bene quanto odiassi essere forzata a mangiare.
Per evitare che il momento della pappa diventi un calvario, può essere una buona idea leggere questo libro. È illuminante, coinvolgente, ironico, divertente. In più, contiene una miniera di informazioni utili sull'allattamento, e ha anche delle parti dedicate alla formula artificiale. Lo consiglio senza alcun dubbio!

- Il mio bambino non mi mangia: consigli per prevenire e risolvere il problema, Carlos González, 2004, traduzione di Valeria Da Campo e Anna Li Pera, Bonomi, 208 pp.

RINGRAZIAMENTI

Grazie ai miei genitori, che hanno sempre creduto in me.

Grazie a Paolo, Irene e Linda, che mi hanno insegnato – e continuano a insegnarmi ogni giorno – cosa signifìchi creare una famiglia.

Grazie ai miei preziosissimi beta reader: Silvia del blog "Vorrei essere un personaggio austeniano" (vorreiscriverecomejaneausten.blogspot.it), Silvia V, Manuela, Lella, Max, Mary T, Serena, Annalisa, Paolo. Un grazie speciale a Giorgia Cozza, che ha trovato il tempo di leggere il testo e incoraggiarmi, nonostante i numerosi impegni.

Grazie alle meravigliose donne che hanno accettato di farsi intervistare.

Un ringraziamento grandissimo va alla Consulente de La Leche League, che non solo mi ha supportata con l'allattamento di Linda, non solo mi ha permesso di intervistarla, ma mi ha aiutata anche a migliorare il capitolo sull'allattamento e in generale tutta l'impostazione del libro, titolo compreso.

Grazie a Silvia P, che mi ha aiutata con la correzione bozze e mi ha dato la carica nel *rush* finale pre-pubblicazione.

Il ringraziamento più grande, però, va a chi sta leggendo "Credi in te stessa, neomamma!". Senza di te, questo libro non avrebbe ragione d'essere.

178

Autrice

Mi chiamo Ivana V. Poletti. "V" è l'iniziale di "Vele", il mio bizzarro secondo nome. È così che mi conoscono parenti e amici d'infanzia. Sono nata al mare, durante un'incredibile nevicata. Forse è per questo che amo la neve e gli scenari da fiaba. Proprio come Biancaneve, sono andata via di casa molto giovane. Non mi sono imbattuta in una casetta piccola piccola in mezzo ai boschi, ma in una casa dello studente. E non ho vissuto coi sette nani, ma con tanti studenti casinisti. Come Biancaneve, ho trovato un principe che mi ha portata nel suo castello. Beh, castello... per la verità, è più un appartamento in provincia di Milano, che stiamo pagando con le rate del mutuo. Ma per noi è un palazzo incantato.

In poco tempo abbiamo allargato la famiglia: prima con due gatti (Maomao e Creamy), poi con due bimbe (Irene e Linda).

Quando è arrivata Irene, ho capito quanto sia difficile per una coppia crescere una bimba senza aiuti, senza nessuno della famiglia che abiti vicino.

È difficile, ma non impossibile! Proprio come i personaggi delle fiabe, abbiamo superato ostacoli e difficoltà, rialzandoci dopo ogni caduta.

Tutto ciò mi ha spinta a condividere le mie esperienze, perché siano di aiuto per gli altri.

Continua a seguirmi per avere tutte le news sulle mie pubblicazioni!
Metti "mi piace" alla mia pagina Facebook:
Colorare la vita by Ivana V. Poletti
(www.facebook.com/IvanaV.Poletti)
Segui il mio blog: colorarelavita.blogspot.com
Se vuoi un approccio più personale, ecco la mia e-mail: colorarelavitamail@yahoo.it
Scrivimi per qualsiasi dubbio, osservazione o anche per fare quattro chiacchiere! Mi piacerebbe raccogliere le testimonianze presenti nei nostri quaderni magici della maternità, in modo da creare una raccolta di "sensazioni di neomamma". Perché ognuna di noi ha il suo modo di essere mamma, ognuna ha delle emozioni da trasmettere. Se vorrai mandarmi brani del tuo quaderno, ne sarei molto felice.

A presto!

Ivana,
O Ivy,
O Vele...
O come piace a te :-)

P.S. Ti è piaciuto questo libro? Allora vorrai – come me – poterlo condividere con più mamme possibili.
Come fare?
Semplice! Basta lasciare una recensione su Amazon, in modo che "Credi in te stessa, neomamma!" abbia più visibilità grazie ai commenti di chi l'ha letto! Grazie!

Della stessa autrice

DESCRIZIONE

Sai che dentro di te c'è una Dea?

Proprio così. In ogni donna c'è il potenziale di una grande Dea, anche se ti può sembrare strano. La quotidianità, il lavoro, lo stress, gli impegni familiari offuscano le nostre capacità più profonde. Come se qualcosa si addormentasse dentro di noi. Se stai leggendo queste righe, forse vuoi riscoprire questa parte di te.

Cosa apprenderai in questo libro?

- I miti e le leggende di dieci Dee dimenticate
- la Dea che ti rappresenta al meglio
- la meditazione della Dea
- il colore che può infonderti energia positiva
- il tuo animale guida
- la tua pietra portafortuna
- imparerai a scrivere il Quaderno della Dea, con esercizi pratici per aumentare l'autostima.

Le Dee dentro la donna sono un patrimonio dell'umanità, siano esse appartenenti al paganesimo celtico, al paganesimo norreno o alla mitologia greco-romana. Divertiti a viaggiare con la fantasia nello spazio e nel tempo, incontrando dieci meravigliose Dee:
1. La Dea Madre paleolitica
2. Inanna, sensuale Dea sumera

3. Lilith, la ribelle della Cabala ebraica
4. Cibele, antichissima divinità anatolica
5. Iside, mistica Dea egizia
6. Artemide, la sfuggente cacciatrice
7. Flora, solare divinità italica
8. Rhiannon, fata della mitologia gallese
9. Brigid, potente Dea irlandese
10. Freya, la Dea-sciamana della mitologia norrena.

Scopri qual è la storia d'amore più antica del mondo, qual è la verità sulla prima compagna di Adamo, come ha fatto la Dea Madre a sopravvivere al tramonto del paganesimo... e tante altre appassionanti curiosità!

Ma perché troverai proprio dieci Dee, e non nove o undici? E perché "dimenticate", visto che basta andare su Wikipedia per leggerne le gesta? **Leggi il libro per scoprirlo!**
In vendita su Amazon, sia in versione cartacea che ebook.

Printed in Great Britain
by Amazon

82660256R00109